坑澳洲零旅館

我的沙發衝浪旅行日記

文・攝影　陳萬筑

目錄

3 沙發衝浪日記—維多利亞州　　　　　48 天（1/9 − 2/27）

附錄

[前言]

踏出舒適圈，來場真正的「旅行」！

走出麻木的價值觀，才能知道世界真正的樣貌。

性格固執的我，畢業後不願去做社會眼中「正常」的工作，堅持自己的夢想與道路，遊走在 22K 邊緣，銀行存款少之又少。在家裡壓力與自我厭惡的挫敗感下，毅然決然訂下機票，決定去澳洲旅行三個月。並非不害怕回國後要面對的現實，只是手中沒有值得留戀的事物，那就乾脆放膽冒險一回吧！

在此之前，我不曾踏出臺灣，所以很羨慕身邊擁有穩定工作、常常出國玩的朋友，希望自己有天也能去見識不同的國家文化；但我想要的旅行，是能夠真正了解當地的真實生活樣貌，而非只是跑景點和購物。只是，沒錢又想長期旅行，住宿費是最大的問題，此時「沙發衝浪」一詞立刻浮現腦中。這不正是解決經費問題，又能達到我想要的「深度體驗當地文化」這項目標的最佳方法嗎！話雖這麼說，但起初我對「沙發衝浪」的期待並不高，尤其耳聞不少沙發衝浪的負面新聞。但經過這次澳洲 88 天的自助旅行後，每當回想這趟澳洲之旅，最珍惜的回憶莫過於每天回到「家」，與宿主們談天交流的時光。

在許多人眼中，四處漂泊的旅行太辛苦，旅行就是該享受。但我很慶幸自己因為什麼都沒有，才敢放手一搏去體驗不一樣的旅行方式，結交各式各樣的外國朋友，完成「零旅館」的壯舉，讓我從此愛上「沙發衝浪」，也才有機會寫下這本書，分享我的旅行故事。

行前準備

旅行若超過一個月以上，後期行程的規劃會較難著手，更不可能詳細規劃每一天的行程，尤其若想使用沙發衝浪，因為這無法像旅館一樣可以預訂，就算提早寫詢問信，宿主也不見得能確定旅客想要預訂的日期，家裡狀況是否能夠接待，因此宿主經常選擇拒絕，以免耽誤旅客尋找其他宿主，或是回答「Maybe」。以下，將分享此次澳洲 88 天旅行路線安排，及如何將沙發衝浪住處與旅行路線媒合。

［ 旅行路線與住處規劃 ］

　　不論長、短程旅行，首先是大方向路線規劃，從想去的國家開始尋找旅行方向；啟程與返回地點可以配合機票票價做選擇，接著旅行中的路線便較容易安排。我的澳洲旅行並沒有特定目的地，在預算考量下，廉價航空飛往伯斯的機票較便宜，因此決定以大自然聞名的西澳做旅行首站，最終站則到東岸墨爾本，欣賞澳洲人文與歷史。

2	**1** 墨爾本彩虹小屋
3	**2** 來澳洲必尋找袋鼠
	3 伯斯市中心週五市集
1	4	**4** 維多利亞市集

尋找可住處

　　一般旅行下個步驟，應該是先決定想去的景點，再開始規劃觀光路線；但若使用沙發衝浪，建議要先上沙發衝浪網站，搜索各地區的沙發衝浪「可能可住宿」的宿主數量。以澳洲旅行為例，西澳除了首府伯斯外，其他城鎮有在活動的會員數非常少，甚至沒有，要找到宿主較不容易；而墨爾本為澳州人口第二大城市，就不用擔心「連宿主都沒有」的狀況。

　　但要注意，宿主數和實際入住機率也並非正比，沙發衝浪最麻煩的就是「無法百分百保證有地方住！」。我就曾發生和宿主已經雙重確認過可前往住宿，但宿主卻在前一天忽然人間蒸發。旅行的後期，也曾在墨爾本這個大城市，面臨找不到住處的困境。不過也不用覺得會因為旅行地而受限，因為我也有在幾乎沒有沙發衝浪會員的小城鎮裡，遇上好宿主，並且成為無話不談的好朋友。這奇蹟般的緣分，不正是沙發衝浪讓旅行更精采的原因嗎！

　　總而言之，若想使用沙發衝浪做為旅行主要方案時，請一定要隨時準備好第二方案。如果初次使用沙發衝浪難以決定，建議可先從宿主較多的地方做中心點，再往外規劃觀光路線。若談好的宿主臨時取消，較容易找到其他可臨時接受住宿的宿主。

➤ **小撇步**

其實沙發衝浪網站上，有很多會員雖然擁有不錯的評價，實際上帳號可能已經放置一段時間沒有更新。因此在一開始搜索宿主時，可以先把篩選條件設高一點，例如條件設為「可接受房客」、「有私人房間」、「上次登入時間為一星期內」等，再慢慢放寬條件，較能快速掌握當地宿主狀況。

點選條件篩選

勾選希望的住處條件

//INFO//

沙發衝浪

使用前需加入會員（免註冊費）。一般會員需先完成個人檔案，方可與其他會員通信聯絡。基本上，免費會員的功能已經很夠用了，但須注意一週限制只能寫十封新的介紹信。若付費 60 美元成為認證會員則無此限制，也能提高住宿被接受率，但最重要的還是「評價」。

初始用的旅行者也不用擔心沒評價，請盡可能詳細填寫個人檔案，並放上最自然的照片，因為這是宿主了解你的唯一途徑。展現誠意、讓對方有興趣進一步認識自己，便可增加住宿請求被接受的機率。

網址：couchsurfing.com/dashboard

交通注意事項

　　資料搜索到這裡，想必心中已經有個底，哪些城鎮住處多、哪些住處少，此時便可配合著這些已蒐集到的住處資訊，開始規劃觀光路線。若有已確定地點，也可以開始寫住宿詢問信了。另外，須注意住處地與觀光地的交通。以西澳及墨爾本為例，交通工具主要為公車、火車及電車。以市中心為基準，往外畫同心圓分區，交通費根據這些「區（Zone）」作計算，只要買一張類似悠遊卡的交通卡，在同一區內，不論搭乘何種交通工具都算該區的價格，若跨區則以最遠區域的價格計算。不同聯邦洲交通費不同，但最便宜的區域一趟平均要 50-100 臺幣，若再加上跨區費用，一天在交通費就得花上幾百臺幣。

　　交通路線網也並不友善，很多時候需先乘車回市中心，再換搭另一條路線才能到達目的地，耗費許多時間，而且班次在晚上會大幅減少，晚上 7 點過後 1 小時一班公車，9 點後停駛。市中心交通方便的住處通常會人氣爆棚，想找到並不易，因此若非自駕，住宿處與觀光地的往返安排也需納入考量，才能達到省時又省錢。

所有郊區火車的終點站「費蓮達火車站」，及在路間穿梭的路面電車。

//INFO//

西澳交通資訊

西澳大眾交通工具種類有公車、火車、船及免費的「貓公車」。貓公車沿市區景點停靠，旅客可以多加善用。

付費方式：可購買紙本車票或使用交通卡「SmartRider」。SmartRider 在轉運站或掛有西澳交通「Transperth」標誌的商家都可儲值；使用 SmartRider 可有 9 折購票優惠，但需付 10 澳幣購買此卡。因此除非確定會搭車 20 次以上，否則不建議購買。

一般票價（以 zone 計算）：

區域	直購票	SmartRider（9 折優惠）
1 Zone	$ 3.10	$ 2.79
2 Zone	$ 4.70	$ 5.60
8 Zone	$ 11.80	$ 10.62
9 Zone	$ 12.60	$ 11.34

詳細資訊可至西澳交通官方網站查詢：

- Transperth：transperth.wa.gov.au
- Transwa（郊區火車）：transwa.wa.gov.au

墨爾本交通資訊

墨爾本大眾交通工具有公車、火車及路面電車。相較於澳洲其他城市，墨爾本的交通已經算方便了，但和臺北比起來還是稍微不便些。

購票方式：已無販售紙本票，必須買「Myki」卡，工本費 6 澳幣。Myki 有兩種儲值方式：

- Myki Money：以「金額」為單位，刷一次付費後，有效時間是兩小時，超過兩小時後再刷等同購買日票，第三次使用不會再扣錢。
- Myki Pass：以「週」計算，就像我們購買月票一樣，買越多週越便宜，適合長時間待在墨爾本的旅客。

票價：同樣以區（zone）計算。

以下票價以 Myki Money 日票計算：

區域	Zone 1+2	Zone 2
日票價格	$ 8.20	$ 5.60

維多利亞州交通官方網站：

- Public Transport Victoria （PTV）：ptv.vic.gov.au
- V/Line（郊區火車）：vline.com.au

澳洲 88 天旅行路線

　　我的澳洲旅行是搭乘酷行航空從高雄出發，在新加坡轉機，最後在伯斯機場降落。先在伯斯外圍郊區停留兩星期，接著以火車為主要交通往南移動，分別於羅金厄姆與火車路線最南端的曼杜拉停留約一星期，再北上回到伯斯，直至飛往下個目的地墨爾本。

　　在西澳時，原本想繼續更南下到班伯利（Bunbury）或瑪格麗特河，但當地註冊在沙發衝浪的會員數少到幾乎沒有，交通也非常不便。對於不會開車的我，要在各景點移動較困難，因此最後作罷。為了避開跨年機票漲價的尖峰潮，在西澳停留至新年過後，搭乘捷星航空國內線飛往墨爾本圖拉瑪琳機場。下飛機後，並未進入市中心，而是先前往 3 小時火車車程的郊區旺加拉塔農場，兩星期後才到墨爾本。

　　墨爾本的觀光地幾乎都集中在市中心，火車路線為放射狀，可從各個郊區回到城市，因此在觀光路線上較容易安排，住處地點也沒特別要求，只有最後一站刻意找方便去機場的地點，並很幸運的找到住南墨爾本的宿主，直到返回臺灣。

我的澳洲旅遊路線圖

北領地

昆士蘭州

西澳大利亞州

南澳大利亞州

新南威爾斯州

伯斯
（12/1-1/9）

曼杜拉

維多利亞省

旺加拉塔
（1/10-1/23）

墨爾本
（1/24-2/26）

塔斯馬尼亞州

[旅行預算與總花費]

想要小資旅行大享受，精打細算是一定要的。此次三個月的澳洲旅行，全程花費只要臺幣五萬元，不但吃的好睡的香，想玩的也都玩遍了。

其實，省錢旅行並不難，只要願意多花時間做功課，不要盲目聽從建議就把錢撒出去，依照自己的需求調整花費預算，慢慢就能找出適合自己的省錢方式。而我的方式主要有兩大重點，先分清楚「必須花費」及「可調整花費」，並粗估期望的總預算，扣掉不可調整的必須花費，再把剩餘金額依喜好分配。一開始可以先把總預算定低一點，再將金額分配不足的部分，慢慢往上調整，就能夠掌握旅程的花費。

廉價航空

出發前，最大花費就是「機票」，但機票是「可調整」的花費喔！想找便宜機票，首選就是廉價航空，若能搶到便宜機票，一省就是好幾千塊的差距呢！

以臺灣至澳洲伯斯為例，傳統航空平均票價為兩萬五千臺幣上下，而我這次搭酷航航空，只用不到六千臺幣買機票，相差兩萬元呢！

下列提供飛往澳洲的廉價航空資訊：

	亞洲航空 AirAsia	酷航航空 Flyscoot	捷星航空
轉機點	吉隆坡	新加坡	新加坡
固定特銷時間	不定期促銷，通常第一波促銷最便宜。	每星期二早上 7am-9am	每月第一個星期五

▌購票時機

廉價航空的票價起伏相較傳統航空較大，只要有旅遊的計畫，建議立刻開始關注欲搭乘航空公司的票價走向。以我的澳洲旅行為例，來回都搭乘酷航，十二月出發去伯斯，隔年二月底從墨爾本回來。出發前五個月，就趁酷航每週二的固定特價時，訂好去程機票，回程票則繼續觀望，沒想到票價只增不減，發現票價比最初多了 100 澳幣，且沒有下降趨勢，發現不對趕緊訂購。後來因好奇而繼續關注，最終票價比最初貴 300 澳幣，相當於約 7,000 臺幣！

所以若欲搭乘廉價航空，要提早開始關注機票票價浮動狀況，越早訂購越便宜。下好離手後，也不要再回頭，否則若發現有更便宜機票，很容易引起內心的糾結，反而影響旅行的心情。

關於廉價航空的優缺點

若能順利買到便宜機票，已經省下一大半開銷了。但即便票價便宜吸引人，關於廉價航空仍存有許多迷思，例如座位不舒適、安全問題、沒保障等。票價便宜，確實品質上也有些差異，但並非完全如謠言一般，以下列出家廉價航空的優缺點供參考。

1. 機上的舒適度

廉價航空機上所有物品，例如毛毯、水，都須另外購買。沒有娛樂設施，欲指定座位須另外付費。但座椅一樣舒適，水和食物只要自備即可。沒有娛樂設施很無聊？那就帶本書或者睡一覺吧！搭飛機終究只是為了移動，把飛機上的服務省起來，花在旅行地的小吃或遊樂，不是更好嗎？

2. 安全

廉價航空和傳統航空絕對一樣安全，沒有航空公司會希望意外發生，所以該有的安全檢查一定都有。至於飛機延誤等相關補償措施，其實只要在找旅遊保險時，順便投保不便險就可以解決這個問題，保險價錢還可以任選自己可接受的範圍。

我的身高為女性平均身高，膝蓋與前面椅背仍有很大空間

3. 行李

　　這是搭乘廉價航空最須注意的部分。廉價航空隨身行李平均限重共十公斤，有大小限制，行李託運則須加購。所以打包行李時一定要注意重量，否則登機前測量時，一旦超重，當場需要支付更貴的託運費用。如果是行李數量多的人，也許傳統航空反而比較划算，這次旅行我只帶一個後背包便上路，完全不須加購行李託運，又省了一筆錢了。

4. 搭乘與轉機時間

　　便宜的機票，可以說是用時間換來的，尤其長途路線。搭乘便宜的廉價航空基本上都需要轉機，且待轉時間偏長，這次澳洲去回程的轉機時間都超過 12 小時，不能否認很考驗體力。飛行的時間也通常會在冷門時段，不是很早就是很晚。

　　若以上幾點對你來說都不是問題，那麼歡迎使用廉價航空，省錢旅行已經邁出一大步囉！

當地必須花費

　　將機票、保險、旅行用品等都準備完後，接著要開始為即將到來的旅程開始預算旅費。如果很沒頭緒，那就按照「食、衣、住、行、育樂」安排。先計算必要且也無法省的「住、行、育樂」。

1. 住

　　這次澳洲旅行使用沙發衝浪，完全沒有任何旅館，住宿花費「0 元」。

2. 行

　　先上網查當地交通費用，規劃景點路線同時，也計畫好搭乘的交通工具，便可計算每日交通費用。

3. 育樂

　　這裡指的是門票費用及手機的網路費，除非需看影片等大流量用途而購買超大流量網卡，否則網路費其實並不貴。

彈性花費

最後的彈性費用是根據目前為止所有的花費，依期望的總預算扣除後，所剩餘能分配在「飲食」及「非必要消費」上的金額。這部分若能控制得好，將是決定到底是真正的「省錢旅行」，還是只是普遍眾人認為的「克難旅行」。

把「飲食」歸類在彈性花費，是因為吃的方式及當地狀況都會影響費用，行前只能粗略預估，無法精準確定。多數國家不像臺灣容易找到便宜好吃的小吃。澳洲路邊攤，一個巴掌大的漢堡要 10 澳幣，相當於臺幣 230 元，若是去餐廳，絕對要 10 澳幣以上，甚至超過 20 澳幣。這樣的價格，若是長期旅行，總不能天天外食吧？所以還是去超市買新鮮食材自己煮，好吃又便宜，而且還可以在當地超市的官網上查詢菜價，預估每餐花費，計算總額。

不過也別因此錯過當地美食，也要給自己「零用錢」。長期旅行可以將零用錢以「週」計算，每週分配一定量，剩餘金額可以累計到下一週，這些零用錢就拿來花在喜歡的事物，不管是吃或血拚都可以。有計畫的分配零用錢，就可以避免因買東西沖昏頭，使費用無上限的流失。給自己的零用錢就越多，總預算就越多，給的少不代表不能享受，只是更懂得花在更值得的事物。

我總共花費了臺幣五萬元，就能玩遍西澳與墨爾本，是不是很心動呢！如果扣掉跳傘的費用一萬元，實際上只要四萬臺幣呢！以下為在澳洲三個月的總花費簡易表，供大家參考。

1. 行前準備

航程	澳幣	臺幣
去程（酷航） 臺灣→伯斯	—	NT. 5,624
澳洲國內線（捷星） 伯斯→墨爾本	AUD120.2（匯率 24.172）	NT. 2,906
回程（酷航） 墨爾本→臺灣	AUD328.58（匯率 23.285）	NT. 7,651
保險	—	NT. 7,629

2. 當地花費

項目	澳幣	臺幣（匯率23：1）
交通費	364.38	NT. 8,380.74
門票	205.35	NT. 4,723.05
跳傘	478	NT. 10,994
電話網路	110	NT. 2,530
飲食	87.12	NT. 2,003.76
總計：NT. 5,2441.55		

［ 打包輕便行李 ］

這次澳洲三個月旅行，攜帶的行李只有一個後背包及一個隨身包，且後背包仍有空間能將隨身包放進去。行李總重量7公斤，回程時部分物品用光丟棄，剩6.5公斤。精簡行李的好處非常多，搭飛機時不但不需託運，櫃檯甚至沒秤重就讓我迅速過關，行李從頭到尾跟著自己，不但安全又省時，旅行移動時也很方便，只要懂得取捨，並好好收納整理，人人都可以輕裝旅行。以下分享我的「7公斤行李清單」。

1. 證件

重要證件各印兩份影本，放在背包不同處。電子檔也要存放一份在手機，寄一份備份在電子信箱，手機相簿也要存一份，避免沒有網路時需要用到。

(1) 護照　　(2) 護照影本　　(3) 簽證

(4) 機票　　(5) 現金、信用卡　　(6) 相片兩張

此次攜帶的後背包及隨身包

2. 3C 產品類

(1) 手機：兼相機用。使用的手機畫素比一般傻瓜相機還好，不但省空間，也省掉一台
相機的重量。

(2) 充電器

(3) 隨身電源

(4) 轉換插頭

3. 個人用品

(1) 藥品：止痛藥及感冒藥。

(2) 隱形眼鏡、梳子、鏡子。

(3) 毛巾、牙刷、牙膏：可攜帶小條牙膏即可，若不足當地再購買。

(4) 衛生紙隨身包、濕紙巾。

(5) 乳液、防曬乳：除非是敏感肌膚有慣用品牌，不然若不足當地再購買即可。

(6) 香皂：買個手工香皂，從頭洗到腳，天然又方便，省去瓶瓶罐罐的麻煩。手工皂也
是很能起泡的喔！衣服也是用香皂洗，只是洗衣服比較消耗，建議可以買一
般較便宜香皂就行了。

(7) 指甲剪：旅行超過一個月記得要帶。

(8) 環保餐具、水壺。

4. 衣物

　　盡量選擇夏天旅遊，輕薄衣服捲起來收納，省掉厚重衣物的重量及空間。帶三天份
衣物就夠了，身上穿的即算一套，可選擇百搭款的衣服。

(1) T 恤：共三件，活動方便，也可充當睡衣。

(2) 內衣褲。

(3) 短褲、牛仔褲：牛仔褲可於搭機時穿身上，因為飛機上很冷正好可為保暖用。

(4) 鞋襪：一雙好走的運動鞋及拖鞋各一雙。

(5) 口罩：冷氣太冷的時候可以戴上。

(6) 睡衣褲：若外出服很舒適，可以不帶睡衣褲。比起為了拍照而多帶一套的外出服，
不如帶睡衣褲讓自己晚上睡的舒適，因為旅行一整天需要好好休息。

(7) 外套：選一件可防風、微防寒（澳洲早晚溫差大、或是冷氣太強）、防雨的秋季外
套最萬用。

5. 其他

可依自己的需求斟酌攜帶。

(1) 文具：帶幾隻筆和空白筆記本，可用來記帳或寫日記等。

(2) 曬衣繩。

(3) 收納袋：五金行有賣透明夾鏈袋，輕巧便宜又耐用，搭飛機時可用來裝液體罐，收納分類旅行用品，旅行中也可以裝濕毛巾等。非常萬用，推薦可以多帶幾個，破了就丟。

(4) 行李秤：一定要帶，打包行李時記得一定要先秤重。

(5) 隨身小零食。

以上就是旅行全部的行李，是不是很比想像還容易呢？旅行會真正會用到的東西，其實也就平時生活常用的東西，再把它精簡化。如果不知道有沒有多帶或少帶東西，那就從早上起床那刻開始回想，把平時一天會用到的東西都列出來，那些就是必需品，其餘「可能會用到」的就直接不列入考慮。衣物及個人用品更簡單，站在鏡子前從頭到腳想一遍，那些就是需要的；化妝品、首飾等非必需品，頂多帶一組最常用的就好。記住一個要點，在打包行李時，只要任何物品是「一瞬間感到猶豫」不知道會不會使用到的，請立刻放棄它，當旅行中疲憊的扛著行李移動時，會感謝自己還好有捨棄不必要的重量的。

使用沙發衝浪時，幾乎每個宿主都對我只帶個後背包感到驚奇，好奇問我都帶了些什麼東西，小背包也能成話題，多有趣！另外，行李少，在使用沙發衝浪上也比較輕鬆，因為不是每次都能麼幸運，找到可以提供能夠上鎖房間的宿主，有的時候是睡在客廳的沙發上，這時就無法占用太多公共區域的空間位置。

我問過每個宿主，他們雖然不會因旅客行李多寡而評判一個人，但遇到行李多到爆炸的旅客時，仍會忍不住皺眉，尤其還必須讓他們幫忙的時候更是。我曾經遇到一位沙發衝浪的女孩，她的所有行李，不論體積或重量都遠超過她可負荷程度，宿主雖好心願意到機場接她，但為了等宿主來，她在機場閒置了一個下午，多浪費時間；而且無法保證每次都能遇到願意接送的宿主，加上機場通常很遠，也要宿主有空才能來接機。如果從一開始就這麼麻煩人家，即使對方不介意，仍不是一件好事，所以還是不要讓自己身陷被行李壓倒的狀況，輕便自在的旅行吧！

2

沙發衝浪日記

西澳

40 天（12/1 － 1/9）

[背包太小無法入境?!]

經過數個月的準備，終於來到前往澳洲的日子。

會選擇澳洲，主要是想離開亞洲文化，加上考量在生活上的開銷、治安、能找到沙發衝浪宿主的機率等，澳洲是個很好的選擇，配上旅行的月分，正好還能避開冬天，免去攜帶厚重的冬季衣物，增加旅行負擔。

從高雄小港機場出發時是晚上八點，機場內的人並不多。我獨自坐在一角，心情其實並沒有特別雀躍，內心一直有顆石頭般的沉重感，因為我對這趟旅行並沒有十足的把握，也許一個月，就會花光旅行的錢而不得不回來；因為我並非是在悠閒的處境下決定出國，更多是像逃離，想要放手一搏。我無法停止責問自己，這趟旅行是不是只是在逃避現實罷了。但一昧沉浸在憂鬱中也無濟於事，從踏進機場那刻起，映入眼簾的一切都很新鮮，不斷告訴自己一定要轉念思考「既然做了決定，不好好享受就可惜了」。於是，我靜靜坐在小港機場候機室，等待離開的時刻。

[新加坡機場過夜]

既然旅行費用有限，機票當然一定要努力搶便宜。這次搭乘酷航航空，晚上九點出發，隔天凌晨一點到達新加坡機場，最後再搭當日下午兩點的飛機飛往澳洲。轉機時間十三小時，勢必要在機場過夜，聽說新加坡機場是全世界最好睡的機場，所以我決定不訂過境旅館。但下飛機後，從第二航廈找到第一航廈，卻一直找不到舒適可躺的地方。由於生理時鐘已到了睡覺時間，實在太疲倦，差點想學其他旅客直接躺地毯就睡。還好在我這麼做之前，經過大廳看到還不錯的沙發，挑個角落坐下，枕著自己的背包睡。這時就是行李少的好處了，將隨身包壓在後腰當靠墊，後背包則將拉鍊轉向內側，身體靠著，充當枕頭又不怕被偷走。不過這晚並沒辦法睡好，半夜三點，突然來了大批機場警衛，要求查看所有旅客的護照和機票。窩沙發本來就不太舒服，這下要重新入睡又更難了，身體僵硬加上空調太冷，一直到天亮前，根本不知道自己何時是醒、何時是睡。

好不容易終於等到登上飛往澳洲的班機，原本打算起飛後大睡特睡，沒想到在全旅客就座後一小時，空姐要乘客下飛機回到候機室。兩小時後，地勤終於告訴大家，原來是飛機空調壞了，短時間內無法修好，所以要換搭另一架飛機。最後我們得到一頓免費晚餐及點心做補償，但原本晚上七點就會到達西澳伯斯機場，最後變成凌晨兩點才降落。

1

2

1 新加坡機場第一航廈大廳
　的沙發椅
2 舉著更改登機時間的地勤

[被海關質疑]

從臺灣到澳洲，花了超過 48 小時的時間，實在很疲累，下飛機後只希望能順利入境。排在我前面的旅客全都順利入境，輪到我時，海關小姐問來澳洲的目的及天數。當我老實回答是來旅行三個月時，海關小姐看了一眼問：「你沒有其他行李嗎？」我點點頭，海關小姐又看了一眼我的入境卡，另一名海關人員走來，兩人點頭示意、悄聲說了些話，接著問我話的海關小姐要我跟她走。

顯然一個年輕女性旅行三個月只帶個後背包，實在很特別，會被懷疑也不意外。海關小姐把我帶到旁邊無人的平台，要我把旅行相關資料拿給她看。我的資料齊全，有觀光簽證、回程機票、英文保險也有帶著，但還是有點緊張，如果海關還是不願意讓我入境，我也無可奈何。海關小姐沉默的看了許久，才抬頭問我「選擇來澳洲的原因」、「有沒有親戚在這裡」等問題。

我用破碎的英文盡可能詳細回答，努力展現自己的誠意。由於海關小姐是用一般說話的速度問話，有幾次得請她重複，對於我的答案有時還皺眉，讓我很擔心會不會讓印象分數又下降。海關小姐最後問：「有沒有什麼想問的？」我嚇了一跳，該問什麼嗎？我怯生生的問「可以帶餅乾和一些成藥嗎？」因為這是我的行李裡唯二比較可能會被視為問題的東西。海關小姐點點頭，面無表情又再問一次：「還有沒有其他想問的？」雖然很緊張，但也想不到有其他問題，只好搖搖頭。海關小姐告訴我，她要檢查我的行李了。這位小姐人很好，她把東西整整齊齊的拿出來，背包底部的行李只稍微翻一下確認。最後又看了一眼我的旅行資料，終於告訴我，我可以走了。內心大大的鬆了一口氣，雖然不曉得旅程能堅持多久，但至少能踏進澳洲國土了！

其實到最後一刻，海關小姐看起來還是覺得我很特別，但是我的資料、行李確實都沒問題，可能外表看起來「人畜無害」，所以她也沒理由故意攔下我。雖然驚險，但總算還是過關了，只是，一直到我離開要海關時，還能聽見海關小姐在和同事談論我的事。結論是，出國旅行，所有資料請記得備一份紙本在身上，以防萬一！

巴爾卡塔 Balcatta
緊張、緊張、第一次住外國人的家！

住宿日期
12/1
～
12/6
共 5 晚

　　凌晨兩點終於入境澳洲。我一個人疲憊的坐在冰冷鐵椅上，一邊羨慕有人接機的旅客，一邊思考今晚該怎麼辦。

　　大眾交通工具早就停駛，難道花錢搭計程車去旅館？或是睡機場等第一班公車？還是等宿主的聯絡？我低頭看著手機，明知徒勞還是不停刷新沙發衝浪網站上，和宿主對話的頁面。到達伯斯機場時，我立刻寫訊息通知宿主，並說明目前無法前往的困難。但過了三十分鐘，宿主仍沒回應。雖然我有對方連絡方式，但沙發衝浪不是旅館，不可能大半夜打電話打擾人家。

　　就在我即將放棄對這趟澳洲旅程的期待時，宿主忽然回覆我訊息，表示願意來機場接我。內心猶如絕地逢生般激動，沒有任何話語能表達我的感謝。澳洲夜晚空氣寒冷，我仍在機場外顯眼處等待宿主，當一台看起來快解體的老爺車到達時，車內的男子朝我招手，我比比手上的手機，他點點頭。

　　駕駛座上留著鬍子的棕髮男子就是我的第一位宿主—— Terje。

伯斯機場出口，機場並不大，連張軟椅都沒有

第一站異國的「家」

　　返家的路上，我不停道謝，也努力說話聊天，否則只是沉默地讓對方開車多不好意思。但不論我說什麼，Terje 只是發出「嗯」的聲音，只有在我問些無法簡短回答的問題時，才能聽到三個字以上的回覆。也許太疲累，負面想法不停湧出，腦內反覆猜想著「對方說不定已經對我觀感不好了」、「接下來的五天會尷尬死」、「第一個住處就這麼慘，後面怎麼辦？」。但對方願意三更半夜來機場接我，這已經讓我感激不盡了，所以我繼續努力分享我自己，至少希望讓對方感受到誠意。

　　由於時間已晚，回家後，Terje 簡單介紹我的房間和浴室。提供給我的是一張舒適的雙人床，房內空間寬敞，房門也可以上鎖，浴室則和他女兒共用。沙發衝浪第一站就能擁有自己的私人房，真是非常幸運！不過這個房間似乎很久沒清理，我洗澡回房一掀開被子，發現整個床單上都是灰塵。但我已經將近兩天沒好好睡覺，沒力氣管那麼多，隨手用力拍兩下，至少枕頭和背部躺的地方看起來還算可以接受，便一頭栽進夢鄉裡。

　　跨越赤道來到南半球，此時身處第一站 Terje 家，旅行總算正式拉開序幕。

| 1 |
| 2 |

1 房屋外觀
2 我的房間

友善的人們

　　也許從機場回家那天時間真得太晚了，所以那天 Terje 的話不多，後來發現只要是 Terje 了解的領域，他其實是很樂於分享的。Terje 是廚師，當我問起他的工作，他告訴我許多工作上的趣事，我們之間的距離也拉近許多，很慶幸自己有堅持不懈努力找話題親近對方。唯一困擾的是 Terje 去年出車禍，臉頰受傷，導致現在說話會漏風，英文本身沒特別好的我，經常很難聽懂他在說什麼。

　　Terje 非常大方，隨意讓我使用家中物品，包括冰箱與櫥櫃裡的食物都可以隨意享用，他希望我把這裡當自己家，自由來去、不要有壓力。在住宿期間，Terje 做了一頓晚餐和我分享，能吃到專業廚師做的餐點感覺好榮幸！他將羊肉與自製醬汁混合燉煮，並煮了米飯。對於連續吃好幾天吐司的我，熱騰騰的白飯看起來好可口，但 Terje 卻把煮好的米拿到水龍頭下沖。我以為他要做沒看過的大料理，結果他只是說這樣的飯吃起來比較多汁，但我只覺得像在吃生米與自來水。

　　Terje 是位單親爸爸，女兒 Emily 是大學生。也許因為和 Emily 同為女性，年齡又近，讓初到異鄉的我莫名產生安全感。我們很快就熟識起來，她很習慣家裡有外國旅客，Terje 忘記介紹的地方，Emily 都會幫忙補充，而我遇到問題時，也常常會先跑去找 Emily。

超商搭訕記

　　來到澳洲第一件事，就是去超市買電話預付卡。我要買 yes OPTUS 澳幣 40 元（約臺幣一千元）的方案，期限 28 天內可無限撥打電話及簡訊，並有 15G 的網路流量，若未使用完，下次儲值可以延續使用。

　　為了避免買錯，我詢問迎面走來的超市警衛 Hafee，想確定包裝內含方案，可惜對方也不清楚，最終還是靠自己事前查詢的資訊。向 Hafee 道謝後，我進入超市研究市價，沒想到他跟著跑來，拿著一張留有電話號碼的紙條，問我可不可以等他下班，今晚一起去吃晚餐。這還真是前所未有、如電影般的際遇，驚喜之餘，腦筋還是冷靜的。雖然能交朋友也不錯，但我並不打算今天就和他出去。正想該怎麼婉拒時，他說有車可以載我，想去哪都可以。我才剛到一片陌生的土地，不想搭一個剛認識的人的車，但他仍非常殷勤地表示心意，甚至想買食物當禮物送我，我立刻道謝並拒絕，離開超市快步回家。基於禮貌，我傳訊告訴他今晚無法和他出門。沒想到訊息一送出，Hafee 不停回

傳簡訊，表示很可惜，要不要約別天？需不需要幫你送晚餐？有計畫去哪玩嗎？一連串的訊息不停傳來，最後甚至直接打電話。接下來連續幾天不斷收到 Hafee 的問候訊息，Emily 開玩笑說「他是警衛耶，應該很安全吧！」，Terje 則認為 Hafee 太熱情。雖然對 Hafee 有點抱歉，但對方早就知道我只是旅客，卻如此熱情，就算說我多疑，但在不熟悉這裡之前，還是避免不必要的麻煩才好。

1	
2	3

1 我們經常在屋外涼亭聊天，Terje 是個老菸槍，我們才聊天一個小時，他就抽了四根菸
2 好幾天沒吃到熱食，內心非常期待
3 被冷水沖過的白飯很硬，不過配著羊肉醬，就能不介意的照樣入口

1　家裡客廳與開放式廚房
2　與 Emily 的合照

異國的街道

　　這趟澳洲旅行會在西澳待上一個月，所以我並不急著去觀光勝地，而是先悠閒地漫步，觀察澳州的街景與來往的人們。澳洲果然是多樣文化聚集地，四處可見來自不同國家的人們。市中心廣場有個噴水池，許多孩子在那裡玩得很開心，一旁不遠處有個小男孩遲遲不敢碰水，他的父親不斷鼓勵他去玩；同一時間我身旁坐著一對亞洲母女，小女孩很想去玩，但她母親只是不斷反問她「衣服濕掉怎麼辦？」我並非不了解女孩母親的考量，只是同樣狀況下，兩種不同家長的態度，實在是很大的對比。

　　初使用沙發衝浪，與 Terje 和 Emily 的相處經驗非常好。我只預定住五天，接下來將近一星期的住處尚未確定。雖然已經有在聯絡的宿主，但對方回覆很慢，到現在還沒確定住宿時間，又不能同時寫信找其他宿主，讓我很是煩惱。

　　Terje 聽完我的煩惱，提醒我找宿主時要小心。今天他有女兒，所以我住他家沒關係，他非常開放的告訴我，他曾經和三位也是使用沙發衝浪的歐洲旅客發生關係，因為

那些旅客自己主動跑到他的領域。如果今天我也闖進去，他也會出手。Terje看起來一點也不像在開玩笑，雖然當下我表現平靜地笑著帶過，但心裡還是很震驚，一個人旅行時，請一定要隨時小心為上！

1 噴水廣場
2 十二月初，大街上的聖誕樹早就裝飾好了

1 | 1 住宅區街景
2 | 2 路上巧遇騎馬的警察

Unforgettable

與第一位宿主 Terje 在涼亭的合照，我們總會坐在涼亭聊天，一聊就是幾小時，逐漸認識澳洲的生活步調。Terje 並不是宿主裡面最特別的，但是他的親切，讓我的澳洲旅程能夠順利開始。

[利德維爾 Leedervile
意外住進商業大亨的家！]

正當我因找不到第二個住處而煩惱時，意外收到一位叫 Steve 的住宿邀請信。他寄來的訊息很長，展現十足的誠意。沙發衝浪檔案上的個人簡介沒寫太多，但有照片，評價也全是良好。雖然決定的很倉促，不免感到有些不安，但我還是決定接受邀請，如果因害怕而錯過好緣份多可惜！

Steve 很熱心地來 Terje 家接我，網站檔案上並沒有房間照片及簡介，所以不清楚住處環境。到 Steve 家時，他先帶我去房間，一間位於車庫旁，空間小卻含乾濕分離衛浴、有微波爐和飲水機的的雙人房。才剛使用沙發衝浪，竟然就能一人獨占這麼舒適房間，完全無法想像牆的另一邊是間車庫，真的十分幸運。

放下行李後，便上樓到客廳找 Steve，在家裡悠轉一圈。房子非常高級，客廳是挑高兩層的天花板，開放式的廚房有很長的吧檯，從陽台探頭可以望見一望無際的大海，我們一起欣賞夕陽消失在海平線的另一端。

詢問下才知道，原來 Steve 是公司大老闆，主要製造工廠用的安全感應器，防止機器運作中發生意外事件。他們在海外有許多合作廠商，和臺灣也有非常密切的合作，我們許多公司正是使用他們的產品，所以他不時會來臺灣出差。而 Steve 真正住的家在西澳南部瑪格麗特河附近，位在伯斯這間透天屋只有在辦公的時候才會來，他會趁每次北上工作時，招待一到兩位沙發衝浪客。這兩天除了我之外，Steve 還邀請另一位日本女性旅客 Mami，不過她晚上住朋友家，所以只是單純來聊天交朋友。

BBQ 之夜

Steve 有很多招待旅客的經驗，第一天晚上喜歡招待旅客 BBQ 晚餐。我們回家前，先繞去超市買晚餐食材，Steve 快又明確的選好需要的食材和份量。Mami 曾在澳洲旅遊一段時間，積極的幫 Steve 找食材，我則在一旁慢悠悠地逛超市，因為我對超市的商品還很陌生，想幫也幫不上忙。

回家後，Steve 熟練的在廚房調味買來的鮮肉，還有自己釣的魚，最後再拿到庭院烤肉架烤。他有自己的私人船，經常出海釣魚，所以習慣只吃自己抓到的魚。我笑説下次抓個袋鼠來吃吃吧！他大笑回答，車子可能裝不下，並打趣的説道：「袋鼠代表澳洲，結果澳洲人卻吃著自己國家代表。」

Mami 在一旁幫忙做沙拉，我也很想幫忙。即便他們都表示沒關係，但只有自己一個人閒著沒事等飯吃，實在坐立難安。不過我確實也不知道他們到底要怎麼做，還鬧笑話認錯食材，把白色方形起司認成豆腐，所以最後還是乖乖在旁邊看著，一邊聽他們倆討論晚餐準備事宜。

享用晚餐時，我依舊是聽眾，幾乎插不上他們的話題。一方面是我吃太慢，嘴巴得忙著咬，另一方面是因為我對話題領域不熟、喜好也不同，所以無法發表意見。例如聊酒的時候，平時滴酒不沾的我，對此完全一概不知，Steve 拿高級的酒給我們品嘗時，我也品嘗不出所以然。看 Mami 和 Steve 開心的聊天，一點也不向初次見面，讓人很是羨慕。

Steve 除了招待 BBQ 晚餐外，也喜歡和旅客一起看電影。他體諒我英文不好，住在這裡的兩天晚上，都特地開卡通影片陪我看，他明明已經很累，還看到睡著，但仍堅持陪我，我一直掙扎要不要叫醒他回房睡，內心感到抱歉的同時，也很感謝他這麼用心待客。隔天早上醒來，Steve 早就出門工作了，他貼心的在廚房吧檯留下擺盤好的水果餐，滿滿一大盤，我整整吃了一小時才吃完。

1	
2	3

1 完全無法想像隔壁是車庫的舒適房間
2 擦手巾等已經貼心的準備好了
3 乾淨的衛浴

1	2
3	4
5	

1 客廳
2 廚房
3 晚餐製作中
4 房子後院，我們在這裡享用晚餐
5 非常用心擺盤的水果早餐

伯斯圖書館與聖喬治座堂

　　來到西方國家，第一個最想去的是參觀教堂，欣賞華麗的建築，感受神聖的氛圍。伯斯有許多教堂，穿過市中心商店街，便能到達最近的聖喬治座堂。與臺灣熱鬧的寺廟不同，教堂裡非常安靜，有三個人坐在長椅上靜靜的禱告著，還很幸運遇到有人在彈管風琴，練習聖歌，我邊休息邊欣賞了好一會兒。

　　教堂內沒見到半個工作人員，我自由的四處參觀照相，欣賞禮品區販賣的各種造型十字架。有些教堂禁止照相，或是需付費才能拍照，因此掏出相機前請注意是否有相關規定。教堂隔壁是伯斯圖書館，經過時也不妨進去參觀一下，圖書館內部是圓形中空設計，可以爬到最高層後往下看。

1 座堂內部
2 座堂門口及管風琴的音管
3 圖書館外觀
4 圖書館內部

倫敦街

在伯斯旅行，一定會經常經過市中心商店街，從公車轉運站出來後，朝著馬路對面直走，三分鐘就能走到。這裡有百貨公司及各種商品店，喜歡逛街購物的旅行者，在這裡一定可以得到滿足。如果和我一樣不愛逛街也沒關係，仍然推薦一定要來倫敦街走一趟，雖然巷子不長，但滿滿的英倫風，彷彿來到哈利波特裡的斜角巷。擦的晶亮的玻璃櫥窗，擺著各種精緻的商品，懸掛在店家外的招牌也很有特色。這條位於中央商圈的短巷，巷子入口造型和旁邊建築物的風格完全不一樣，很容易就能找到，除了賣精品，也有下午茶店，幾乎隨時都滿座呢！

1	2	3
	4	

1 倫敦街外部入口
2 倫敦街內部入口
3 入口處精品店
4 造型招牌

巷子雖小卻總是很熱鬧

高級奢華的餐廳

第二天晚上 Steve 帶我去國王公園（Kings Park）上可俯瞰整個伯斯的高級餐廳 Fraser's Restaurant In Kings Park 用餐，去的途中順便接 Mami，她還帶了另一位日本人旅客 Haruna 一起來。

我們不太懂菜單，便請 Steve 推薦。他替我們點了四份今日特餐。不只如此，他還加點前菜、飲品、甜點，非常大方的多點好幾樣菜，只為了讓我們嚐嚐看，真是破費了。雖然沒仔細算，但今晚的餐點總價絕對 500 澳幣有，至少臺幣一萬以上呀！

其中我覺得最有趣的甜點是餅乾加起司，木盤上放著各種不同口味的可愛三角形起司，可以自由把起司抹在喜歡的餅乾上。我想試吃各種口味的起司，就每種起司各放一點在餅乾上，沒想到在場的三人都覺得這樣很好笑，他們說澳洲人不會這樣吃。我並沒有把起司攪和在一起，但他們還是覺得很怪很好笑。我一直不能理解問題出在哪，後來和其他宿主聊起這件事時，他們也說這只是個人習慣，誰說一個餅乾上只能放一個起司。

1 今日特餐
2 餐後甜點，木盤的起司可搭配中間白盤的餅乾

這頓晚餐從晚上七點吃到十點，回去前，我們眺望伯斯的夜景照相留念。Steve 好心的替 Mami 叫了 Uber，送她回朋友家，還預先把車資付了，剩下的人一起搭乘計程車，先送 Haruna 回家，再回 Steve 家。

我本來很擔心回家這段路程會很尷尬，因為從初次見面到剛才用完餐為止，我幾乎沒有和 Steve 聊天，多數都是 Mami 在和 Steve 聊。由於 Steve 去過日本很多次，用餐中他們聊起日本時，就連剛認識的 Haruna 也很容易加入話題。雖然我平時喜歡當聽眾，但如今出來旅遊，卻仍然「只能當聽眾」，這距離感讓人難過。

不過沒想到，這趟回家的路程反而是影響我最深、改變心境的轉折點。

1
2

1 一樓用餐
2 餐廳外所看見的伯斯夜景

Haruna 家還沒到時，我和 Steve 閒聊著開車撞死袋鼠的事情。他覺得是袋鼠太笨了，自己跑來撞車子。見他對撞死袋鼠毫不在意，多數的當地人對此也抱持類似態度，我忍不住想著臺灣的袋鼠是如何被大家捧在手心上，同為袋鼠，命運卻大不相同呢。等 Haruna 下車後，只剩我們兩個，距離回到家還有很長一段路，我決定趁此機會問 Steve 藏在心裡的嚴肅問題。

我坦白告訴他，促成我這次旅行的一大原因，是被社會壓力影響，而失去追逐夢想的信心，我不知道該怎麼繼續走下去，所以才逃出臺灣的社會、逃出家庭。我問 Steve 是怎麼下定決心創業、辭職的時候難道不害怕嗎？低潮的時候，可曾想過放棄？追逐一般人眼裡不切實際的夢想，是不是太不成熟了？

這種話題在有其他人時，有些難開口。現在我將它說出來，Steve 認真聽完後，也非常認真的回答我。Steve 說，他 30 歲辭職，那時他在一間大企業工作，他父母快氣死了，而他那時也已經有家庭、小孩了，但他還是用 109 澳幣創業。好不容易工廠開始有起色，卻遇到金融海嘯，欠了一大筆債，曾經一度想把工廠賣掉。但最後還是咬牙挺過來，努力奮鬥，才成就了今日，成為國際大廠商。他告訴我一句話，深深感動我內心深處。這句話，是我接下來旅程的動力，也是如今回國後，支撐我繼續朝夢想前進的力量。

「選擇就是風險，沒人知道結果，但一定要選擇自己所愛，因為那就是你的天賦，一個讓你變勇敢的原因。」

這段行駛在黑夜中的談話，讓我有莫名豁然開朗的感覺。隔日準備離開的早晨，Steve 再次替我做了水果餐和咖啡，我們輕鬆的一起在後院享用早餐。他告訴我到臺北出差時的故事，還有讓他印象最深刻的爬象山經驗。離開那天，Steve 要直接去公司，他載我到火車站，我們擁抱道別，今天他就會回瑪格麗特河的家去。Steve 很忙，我想我在西澳停留的日子，已經沒機會再見到他了。

這次的住宿是預料外的安排，但卻是讓我重新得到力量的美好緣分。

Unforgettable

BBQ 之夜準備中！ Steve 開始烤肉，我和日本旅客 Mami 則四處拍照。澳洲很多人家都有一台烤肉機，人手一瓶啤酒，在戶外邊欣賞夜空邊享用烤肉，是個令人非常嚮往的生活。

[伯斯 West Perth]
睡在車庫鐵架上？！

住宿日期
12/8
～
12/9
共 1 晚

　　這次的宿主是個很難聯絡上的人，平均二到三天才會回覆訊息，一直到住宿前兩天，都還無法確定是否可以前往。雖然對方顯然願意讓我住，但雙方若沒有在沙發衝浪網站按下確認鍵，我也不敢直闖，縱使我已經拿到住家地址。

　　好不容易等到對方確認，但忘了提前問方便到達時間，找到住處時，按電鈴卻無人回應，在大太陽下等了三十多分鐘，期間一直無法聯絡上宿主。一直站在門口乾等也不是辦法，我研究電鈴上用麥克筆特地畫上的箭頭，箭頭指向柵門。根據這位宿主接待過許多旅客的經驗，看起來似乎是特地為旅客標示進入方式，於是我嘗試推開沒有上鎖的鐵柵門，生平第一次未經許可進人家的花園。主屋門口貼了保全警示，這就真的不能亂開了，只好在臺階陰涼處等待，等了約莫一小時，新宿主 Ben 終於回來了。

　　Ben 在網站上的評價超過 100 則，全都是好評，而他也確實如評價上所寫，非常有待客經驗，也非常熱情，完全不讓人感覺尷尬。我們一見面，他就秀旅行照片給我看，告訴我有空一定要走一趟，把當地注意事項都興致勃勃的告訴我，我們才相處 10 分鐘，我便喜歡這位新宿主。

推開美麗的柵欄，進入下個宿主家

衝擊印象的房間

　　到目前為止兩次的沙發衝浪經驗都很棒，所以我滿懷期待地前往這次新住處，但當 Ben 帶我去看晚上休息的房間時，老實說我很想立刻離開：這裡的住處非常髒亂。

　　休息的房間位於主屋旁的小屋，這是 Ben 和其他三位室友的車庫兼遊戲室，一進去可以聞到濃厚的汽油味。照片中的沙發早已泛黃，遊戲室裡有投影機、燈光球、放著啤酒的冰箱、假蜘蛛等各種恐怖玩具。他們顯然很討厭某位政治人物，拿了許多張他的海報，挖掉眼睛，塗上紅漆把臉畫得血跡斑斑，掛滿牆壁和天花板，十分毛骨悚然。

　　要睡覺的話，必須從旁邊的梯子爬上去，上面有三張床墊，兩床擺在鐵架上，另一張則是在旁邊木架上。由於鐵架很高，非常靠近天花板，我的身高只是女生平均身高，就是坐著也得彎腰，好幾次都不小心撞到頭，真不知身材高大的旅客該怎麼辦；而且床墊非常髒，連床單都沒有，上面除了灰塵外，甚至還有小石子。枕頭、棉被也一看就知道沒在清洗。他們在沙發衝浪網站上說希望旅客有空可以幫忙清洗棉被時，我以為是希望旅客能主動保持整潔，但看來只是他們懶得清洗。

　　這間小屋雖然有浴室，但浴缸裡有活蜘蛛，實在不想在這裡洗澡，而且床鋪這麼髒，洗澡實在沒有意義。如果只是需要一個睡覺的地方，那這裡確實方便，Ben 與他的室友們幾乎來者不拒。但若希望至少能有基本的生活品質，那這裡絕對不是首選。

1	
2	
3	4

1 從右邊的梯子爬上鐵架
2 從鐵架上俯瞰
3 鐵架上的床墊
4 另一邊木架的床墊

伊莉莎白碼頭

　　安頓好之後，距離晚上還有些時間，加上我一點也不想待在車庫，所以便和 Haruna 她們聯繫，決定一起出去玩。Ben 主動載我到伯斯市和 Mami、Haruna 會合，我們決定到伊莉莎白碼頭看看，乘坐免費貓公車（藍貓 No.19 站）可以直達。伯斯不大，步行其實也不算太遠，如果有時間不妨散步欣賞沿途街景。

　　我們在碼頭大橋欣賞斯旺河，眺望對面的南伯斯市。附近廣場已經擺設聖誕樹及各種大型裝飾品，到了晚上聖誕樹的燈會點上，非常漂亮。著名旅遊景點天鵝鐘塔（Swan Bell Tower）也在此，晚上鐘塔會有漂亮的彩色燈光。鐘塔上有觀景台，但須購買門票，我覺得從旁邊建築物的頂層往下看，風景也一樣漂亮，就沒有特地花錢進入了。

| 1 | **1** 伊莉莎白碼頭橋 |
| 2 | **2** 渡輪碼頭 |

在正對斯旺河右邊建築物二樓，有一間很大間的印度自助餐店，每天營業時間都大排長龍。這間自助餐很特別，餐費自行決定，覺得不錯想支持店家，可以多給一點，我看過有人很爽快的給了50澳幣（約一千多臺幣），也有人吃完飯，揮揮手就走了，此外，店家也一直在宣導不要浪費食物，盛想吃的量就好。他們料理的很好吃，有濃濃的印度香，咖哩的辣味酥麻而不嗆辣。除了飯菜主食外，也有甜點及飲料可以自取，茶香濃厚也不隨便，CP 值非常高，完全是背包旅客的天堂。

||INFO||

天鵝鐘塔（Swan Bell Tower）
鐘塔鈴響時間：星期一、四、日 12 pm – 1 pm
門票：第一層免費，乘電梯上去一般門票是 9 澳幣
網址：swanbells.com.au

1	**1** 非常多海鷗
2	**2** 前方為半弧形的碼頭橋，右手邊則是可以使用 Smart Rider 乘坐的渡輪

| 1 | 2 |
| 3 | 4 |

1 天鵝鐘塔
2 白天的聖誕樹
3 當地有恐龍特展，到處都可以看見宣傳恐龍像
4 道地的印度料理

更動計畫

　　和 Mami 他們逛街時，我內心其實一直在掙扎，到底要不要提早離開這次的住處。雖然內心一直告訴自己，來旅行不可以太挑剔，但這次的環境給我的感覺實在太糟糕了。我先傳訊息給下一個宿主，問如果現在的住處有問題，是否可以明、後天就過去，很幸運，下個宿主說沒問題。

　　於是晚上回家後，我去敲了主屋的門，希望能找宿主談談。如果談得來，我就繼續住，畢竟遇到好宿主比住好地方重要。但如果找不著宿主，沒機會交流談談想法，那也沒必要獨自忍耐髒環境，而且一個人待在這裡實在沒什麼樂趣，我確信主屋裡面有人，因為有聽見電視的聲音，但敲門敲了好幾十分鐘，依然沒人答應。所以最後決定放棄。原本預計住三天，結果只住了一晚，和宿主的談話也只有最初那十分鐘。

　　離開前想和 Ben 說聲再見，但敲門依然沒回應，所以我在離開的路途中留言給他，並寫了評價。我終於懂了為何大家的住宿日期都不長，卻都給 Ben 好評，畢竟他人很熱情，只是住宿環境較難讓人長久待下去。

　　Ben 後來也給我好評價，並留私訊給我，說隨時歡迎我回來。

[羅金厄姆 Rockingham]
和貓貓狗狗一起睡！

住宿日期
12/9
~
12/15
共 6 晚

　　羅金厄姆是距離伯斯約一小時車程的城鎮，通常來西澳旅遊時，只會來這裡一日遊，很少留宿於此。在沙發衝浪網站搜尋時，只有零星幾個會員，帳號活動也不熱絡，但我為了在這裡挑戰高空跳傘，還是抱著微小的希望寄出詢問信。

　　在挑選時，發現有位宿主和我一樣都喜歡卡通動漫，住宿時若能找到有相同興趣的宿主是最好的，所以我立刻寫信詢問，非常幸運對方接受。第一天見面時，我們便透過這個話題聊起來，後來新年時，宿主特地傳簡訊告訴我，她將我送的畫放進相框掛起來。網站上的資料是寫睡覺處在公共區，所以我以為是睡沙發，當我到達時，宿主給我的房間是可上鎖的雙人房，讓我覺得非常幸運。所以在挑選住處時，記得要看的是宿主的「評價」，而非房間的高級與否，有時候宿主只是沒有去設定修改，或是想過濾掉一些貪圖方便的人。

　　最終，我不但在這裡停留超過原本預計的天數，和宿主變成無話不談的好友。本來完全沒聽過臺灣的宿主，因為聽我描述故鄉後，決定來臺灣旅行。

| 1 | 2 |

1 很漂亮的屋子
2 滿滿的插畫牆

來到獸醫的家

　　新宿主是一對不婚伴侶 Amber 和 Lee，家裡養了兩隻狗和一隻貓，非常親近人。Amber 來火車站接我，一到家，牠們就歡樂的跳到我身上。Amber 知道我很想養寵物，每天便讓我和寵物們散步，晚上睡覺時，也同意讓牠們和我擠床鋪。我會把門留個縫，讓早起的狗能自己出去，不過狗兒們大概不知道門有打開，所以都是 Lee 早上起床，悄聲開門，兩隻狗才跑出去。

　　Amber 是獸醫，念大學時在昆蟲養殖場打工遇見 Lee。Amber 在城鎮唯一的獸醫診所工作，每次到寵物海灘時，沿途都在和熟客打招呼。她讓我去動物診所參觀結紮手術，並仔細介紹工作內容給我聽。Amber 說這裡只是小診所，很少有動物會在這裡住院過夜，有重大傷病的寵物都會送往伯斯的大醫院。她做最久的手術是 4 小時的結紮手術，有一隻狗實在太胖了，光是找生殖器就找很久。我在這裡參觀時，正好有人送掉在地上的野生小鳥來，我看著 Amber 替牠做評估。Amber 告訴我，一般他們會放著觀察一天，沒問題就放生回大自然。如果發現野鳥無法再飛，會將牠安樂死。雖然可憐，但飛不起來的鳥無法在大自然生存。

　　Lee 是一名潛艇海軍，工作時間經常日夜顛倒，每次出航就是 3、4 個月，非常辛苦又危險，這也是他和 Amber 至今還沒結婚的原因之一。

　　Lee 很喜歡重型機車，在一天沒工作的下午，他騎著心愛的哈雷機車帶我兜風。騎車前，他全副武裝，帽子、手套、外套、鞋子等，都穿得的十分嚴實，他把 Amber 的機車裝備借給我，在臺灣戴個安全帽就騎出門的我，覺得有點莫名其妙，想著 Lee 是不是會飆速，讓我感受重型機車的馬力，但他全程只是騎一般速度。在臺灣很習慣騎機車的我們，從來沒有為了騎機車而帶這麼多保護裝備。不過這也證明 Lee 很謹慎，因為在澳洲機車失事致死率相對汽車較高，他朋友的父親就因為出車禍過世，所以他不希望有任何意外發生，這點讓我覺得很貼心。我們沿著空曠的海岸公路行進，左邊是山，右邊是海，享受迎面而來的海風，自由奔放的感覺油然而生。我第一次感受到真正的兜風，和在臺灣都市騎機車，純粹為了移動的感覺截然不同。

　　在住宿這段期間，Lee 本來想幫我申請參觀位在羅金厄姆旁的軍事離島（Garden Island），可惜申請未通過。

1	2
3

1 Amber 帶我去看夕陽
2 寵物們每天都比我早就寢，棉被都是毛
3 有些海岸能夠帶寵物去玩

15,000 英呎高空跳傘

　　這次旅行選擇澳洲的原因之一，是想要挑戰極限運動「跳傘」，澳洲的跳傘價格算便宜。跳傘可以選擇區域及降落地點，我想降落在海邊，所以選擇在羅金厄姆的海灘，可惜預定的那幾日風太大，為了安全起見，換到草原備用降落點。此次選擇最高高度15,000 英呎，總花費 448 澳幣，約臺幣一萬元，含影片及相片套組，用 GoPro 錄影。一路上教練會邊攝影邊做訪問，問問現在的心情、會不會害怕等等。

　　一大早，Amber 送我去跳傘分店，櫃檯小姐會確認預約人姓名，測量體重，並簽切結書，然後所有旅客一起坐上接駁車，前往跳傘地點。移動時，我和坐在前面一位頭髮早已白花的六十歲奶奶聊天。她非常興奮，一點也不害怕，比在場幾位年輕人還更熱血。奶奶的家人開車跟在接駁車後，一起去跳傘地。單眼相機早已準備好，要拍下奶奶降落時的英姿。

　　到達指定地點後，他們發給每人一件寬鬆的運動褲，再幫我們穿裝備。旅客們分批跳，每批 4 個人。我的教練是巴西人，身材魁武，站在一起非常有安全感。旁邊路過的教練打趣的說，我太小隻可能會飛出去，要抓好，教練則回說「比較可能是降落的時候被我壓扁」。這些教練們一整天就這樣飛上天、跳下來、整理裝備、再繼續飛上天、跳下來……真是刺激又辛苦的工作。

搭乘小飛機，準備飛上天

我們坐小型飛機，沿途會報當前高度，當飛機攀升到某一高度時，教練會開始教跳傘姿勢、並開始穿著裝備，戴上護目鏡，扣上和教練連接的安全扣。

飛機終於到達了一萬五千英呎的位置，大家就位後一個個跳出去，站在飛機門口時，強風打在臉上，視線往下看，是最容易讓人腿軟的瞬間。由於怕旅客突然害怕退縮，所以現在教練都不倒數而是直接跳，當教練無預警把我推出去時，回過神飛機已經在頭頂了。我睜大眼，努力記住眼前每秒的景象，畢竟這風景不曉得有沒有機會再看第二次。很慶幸自己膽子大完全不害怕，可惜身體卻似乎不這麼想。一跳下飛機後，海平線在眼前快速旋轉，完全失去方向感，大腦將這種狀況理解為中毒，為了排出毒物，強烈的嘔吐感立刻湧上，即便不到幾秒就已經停止在空中打轉，變成純粹的自由落體，但暈眩感仍非常強烈。

成自由落體垂直下降時，手臂要張開像投降一樣的姿勢。強烈的風打在臉上，一開始因速度太快有點呼吸困難，不過冷靜下來後深呼吸，馬上就沒事了。掉落時，無法避免臉頰的肉在也跟著飛，但還是不忘保持完美微笑，時不時朝攝影機比讚，希望影片中的自己看起來很棒。高速掉落大約 20 秒，當降落傘打開時，映入眼簾的的風景就是 Google Map 衛星地圖真實版！終於能慢慢欣賞風景，在此同時我發現鞋帶竟然散開了，好險剛剛快速降落時，鞋子沒有飛出去。

我的教練非常好，他讓我自己控制降落傘，將右邊控制繩往下拉，我們便會往右旋轉，接著換拉左邊。教練讓我自己控制了好一陣子，才換回他控制，他還使出更種特技，讓我們在空中快速迴旋。我們這組在空中盤旋最久，非常感謝這位教練。

一路飛下來，強烈的噁心感一直無法消退，好險早餐吃得少。但我也打趣地想著，要是真在空中吐了，一定要把影片放到 Youtube 上，這樣一定瞬間變網紅，最後我們降落到一塊空地，若有購買錄影，此時教練會要你對著鏡頭講感想。影片會傳回公司幫忙剪輯後製，回到跳傘辦公室後等待一小時，照片和影片會整理在印有跳傘公司標誌的隨身碟，並給予跳傘證明及各種優惠券，代表跳傘的體驗完成囉！

強力推薦大家，不論現在你幾歲，一生一定要嘗試一次跳傘。雖然跳傘過程只是短短一瞬間，但特別的記憶會永遠留存。

|INFO|

Skydive Australia

澳洲有許多家跳傘公司，跳傘地點也不同，但基本上在高空看到的風景不會差多少，主要根據方便的出發地及降落地點選擇即可。此次選擇這家是因價格較便宜。跳傘時，須將所有飾品拿下，長髮建議把頭髮束起，否則一頭散髮在空中亂打不好看，還會一直打到後面的教練。近視者，雖然會戴護目鏡，但還是建議戴隱形眼鏡。跳傘結束後，可以拿到一張跳傘證明，上面有教練的簽名，另外還能到指定店家兌換免費飲品。

價格：各地區不同，平日較例假日便宜，會不定時推出優惠活動；加購相片 129 澳幣，加購相片及攝影為 159 澳幣

接駁車：各地區不同，一般為每日最早時段，從市區出發，開往跳傘地點

網站：skydive.com.au

1		**1** 世界顛倒
2		**2** 降落傘操控體驗

回過神時，飛機已經在頭頂

開往企鵝島的船

企鵝島

　　來到羅金厄姆，一定要去看看最著名的企鵝島。不只看企鵝，這裡的海灘也很清澈，適合全家大小玩水嬉戲，有不少人單純是來這裡的海灘享受日光浴。前往企鵝島必須搭乘渡輪，我買了成人船票及企鵝館門票，共 27 澳幣，渡輪大約一小時一班。想在島上找到野生企鵝非常不容易，白天時企鵝通常會躲起來，連當地工作人員也說很難見到，所以遊客通常只能看企鵝館內人工飼養的小企鵝。每天固定時間有企鵝餵食秀，工作人員會拿著小魚，一邊丟給企鵝，一邊介紹企鵝的生態。如果聽不懂英文，這半小時的表演秀可能會有點無趣，因為餵食秀真的只是單純的餵企鵝，不會有任何特技表演，許多人待了十分鐘就離開了。

　　除了找企鵝外，這座島上有非常漂亮賞鳥步道，島上的鳥非常多，隨處可見，有遊客還特地帶專業大型單眼相機來拍鳥的照片呢！島另一邊的海景也非常壯麗，一定要把步道走到底一窺究竟。另外要注意的是，島上沒有任何商店，食物及飲水都須自備。

INFO

企鵝島遊覽資訊
到企鵝島須搭乘渡輪，所以除了船票必買外，企鵝館門票或行程套組，可以自由選擇是否加購。行程套組可以至企鵝島官方網站查詢。
網站：penguinisland.com.au

1 | 1 清澈的海
2 | 2 企鵝館很小，只有中間一個小水池

海與城鎮

　　羅金厄姆是個陽光與海組合的悠閒城鎮，光城鎮外圍就有好幾種不同沙灘。住在這裡的一星期，我有很多時間可以拋開地圖、四處探險。探險很有趣，這裡的人都很友善，不用擔心發生危險；有時候走在路上，就算自己本身不主動搭話，也會發生一些有趣的小插曲。

　　例如我很喜歡欣賞澳洲的房子，旅途中經常會停下來拍照，某天前往羅金厄姆中最大的湖 Richmond Lake 時，一樣邊散步邊停下來拍屋子。拍到其中一間大屋時，屋主忽然拿著可樂走出二樓陽台，帶著微微警戒與莫名其妙的語氣問「有什麼我可以幫忙的嗎？」我嚇一大跳，趕緊大喊：「我是來旅行的，我覺得您的房子很漂亮。」屋主聽完後，覺得有些好笑，舉起可樂點頭道；「Thank you ！」。雖然只是個小插曲，卻是令人心臟怦怦跳的有趣回憶。

1	2
3	4

1 羅金厄姆的沙灘總是有許多人；有發現路面上逛街的鳥兒嗎？
2 拍照被屋主發現
3 湖邊步道有小橋連接
4 前往觀景台

羅金厄姆有多處裝置藝術，可以到遊客中心拿羅金厄姆地圖，上頭細心標示著所有藝術品座落的地點，可以像尋寶一樣一個點一個點尋找。沿著靠北海岸旁的步道走，可以看見其中一個裝置藝術《流動的巨球》，當我要拍照時，有個男孩趴在上面不想走，他媽媽發現我在照相，趕緊叫男孩下來，不過他不聽，所以媽媽趕緊跟我道歉。當我離去時，還能聽到那個媽媽喊男孩道：「剛剛有人要照相，你看你擋到人家了！」不過我其實很感謝這段奇遇，因為男孩也一起在鏡頭裡，讓單調的風景照變成生動的回憶。

《流動的巨球》與當地的男孩

　　還有一次探險時，是在澳洲的聖誕假期中，看到大門大開的小學，我就很歡樂的跑進去，想說臺灣小學在非上學期間都可以進入，所以也想看看澳洲學校的課桌椅長什麼樣，結果被一位老師發現了。老師朝我走過來，問我是來找誰嗎？我誠實的說我是來旅行的，邊解釋邊往門口走出，老師也跟著走來，她說她要來關大門。我不曉得是不是我的進入，讓老師決定關上大門，但老師並沒有威嚇我，只是邊關門邊和我聊天，問我是從哪裡來，並告訴我現在是假期，學校不會有人，看到我跑進來覺得奇怪而已，不過還是讓我覺得非常不好意思。

離別的袋鼠肉

　　住在這裡一星期，與 Amber、Lee 的感情也變得很好。Lee 聽說我沒吃過袋鼠肉，最後一天特地煮給我吃。只要調味的好，吃起來其實和一般的肉差不多，只是我一直無法克制的想像有一隻袋鼠在我眼前跳，吃到最後心裡有點疙瘩，我想我今後可能不會排斥袋鼠肉，但也絕不是首選。

　　最後一晚，我們一邊喝紅酒，一邊看 Amber 推薦的動畫電影。電影結束後，Lee 為了我特地穿上海軍制服讓我照相，還被我像芭比娃娃一樣轉來轉去。即便已經過了他們平時的睡覺時間，他們還是陪著我，真的很捨不得離開這兩位這麼棒的宿主。

來自 Amber 的沙發衝浪信

　　哈囉！我是 Amber，我和我的伴侶 Lee 住在西澳羅金厄姆。羅金厄姆是個海灘小鎮，位在伯斯南方約一小時車程。旅客通常會在夏天的時候來，趁著好天氣，到鄰近企鵝島上的尋找野生小企鵝。

　　我們通常不會一直接待旅客，一年大約招待四位；能夠認識來自不同國家的旅客，了解他們的家鄉文化和語言，是一件很棒的事。當我們招待 Ariel 時，我必須老實說，我得翻開地圖尋找臺灣在哪裡，我以為臺灣是中國大陸的一部分（很抱歉，請原諒我！）。和她談論家鄉及她自己的故事都很有趣，我們對動畫及漫畫也有相同的喜好，話匣子總是一開就停不下來，令我越來越想拜訪臺灣。於是在 2018 上半年，我和 Lee 決定一起到臺灣旅行，沿著東岸騎單車，探索臺灣，我們得到一段很豐富的旅程！

　　我想沙發衝浪最棒的是，不只可以讓你認識新的人，交到新朋友，更可以激勵自己去冒險，到一些自己不曾發現的地方。

Amber

Unforgettable

在我離開後一個月，Amber 寄了這張照片給我，她將我畫的圖放進畫框準備掛起來。送出的禮物能被珍視，心裡真的非常感動。

其實最初 Lee 帶我看他車庫的重機時，我只是隨口說「有機會希望能坐坐看重型機車。」沒想到 Lee 一直把這句話放在心上。還記得那天 Lee 忽然全副武裝叫我準備好要帶我去兜風時，真的是又驚又喜。

[曼杜拉 Mandurah
第一位主動邀請的好客宿主！]

會計畫來曼杜拉一遊，完全是因為受到宿主 Len 的住宿邀請。

在剛辦好沙發衝浪的帳號時，做為沒有任何評價的新會員，當時心裡並不期待能真的找到住處，但我還是在個人頁面中盡可能詳細介紹自己的興趣喜好，尤其註明自己很樂意分享家鄉料理及臺灣的特色。意外的，我才剛在網站上的日曆標上澳洲旅遊日期時，Len 就主動連繫我，說他可以接待我。當時我驚訝又開心，因為 Len 的檔案非常漂亮，雖然從小被教導不可以和陌生男性單獨在同一屋簷下，但他有將近 100 則沙發旅客的好評價，所以在一定程度上應該不會有安全問題，而且 Len 已經是上了年紀的爺爺，要是不幸出事，我應該可以跑贏他。

讓我猶豫的主要原因是因為內心對沙發衝浪仍抱有疑問，總是先往糟糕的狀況想。我是個完全沒評價的新會員，為什麼會有人主動邀請我？是純粹的邀請，還是有什麼企圖？胡亂猜測之時，我在 Len 最新幾則評價中，發現一位臺灣女生上個月才剛在他那裡住過，於是立刻寫信詢問她的經驗，得到非常好的保證，才決定試試看。

Len 給我的邀請信非常有誠意，往後使用沙發衝浪一定無可避免會遇到單身男性宿主，重要的還是自己的危機意識。使用沙發衝浪的第一步雖然有點緊張，但只要勇敢跨出去，接下來一定會有美好的驚喜。Len 家的氛圍非常悠閒溫馨，彷彿來到郊外度假小屋，坐在門廊前可以吹著微風，眺望整片湖水。我擁有自己的 Queen Size 雙人床及專用衛浴，廚房的食物可以任意取用。

Len 其實早就招待超過一百位以上的旅客，只是很多人都沒寫評價。他非常有待客經驗，了解曼杜拉各個角落，有任何問題都可以問，他非常樂於推薦私房景點給旅客。我們的生活模式很規律，Len 凌晨就要去上班，我則在白天出去玩，回家後我們一起享用晚餐，飯後品嘗紅酒，利用睡前時間聊聊今天發生的趣事。Len 固定九點就寢，我們會擁抱互相道晚安。和 Len 相處很自在，我們一起做披薩當晚餐，假日一起到海邊玩。也許因為很放鬆，我不自覺和他傾訴煩惱，Len 非常專心的聽，盡所能地幫我想各種解決之道，真誠的鼓勵我。讓他聽我說這些不愉快的事，雖然有些不好意思，但心情得到抒發輕鬆了許多，非常感謝 Len。

1 | **1** 溫馨的小屋
2 | **2** 舒適的雙人床

聖誕燈光秀

　　我和 Len 初次見面是在火車站，他要我在曼杜拉站等他，後來才知道原來他是列車長，我初來搭乘的火車就是他開的。在我們順利會合後，並沒有直接回家，而是先帶我去欣賞曼杜拉著名的聖誕燈光秀。

　　在運河兩旁佇立一整排豪宅，每一家都將自家陽台裝飾的閃閃發亮，不只有一般吊燈飾，甚至有一層樓高的超大型聖誕老人、馴鹿等等，有些還會揮手、移動，和我們的燈會不相上下。但令人驚訝的是，這些大型裝飾，竟然全都是私人的裝飾品。Len 說這裡的房價高到嚇死人，這些小小的裝飾品，對這些富豪們來說不算什麼。

Lem 尋找運河旁空地，讓我站在河邊欣賞。雖然視野容易被擋住，比不上乘船遊覽，但也已經非常足夠了

近距離觸碰野生袋鼠

　　Len 經常自豪的告訴我，花錢去動物園根本不值得，很多地方可以就可以看見野生袋鼠。在一天假日下午約 4、5 點，Len 帶我去附近一座公園，讓我大開眼界。一大群野生袋鼠就在公園吃草休息，比動物園還壯觀。這個袋鼠群不只在這公園吃草，也會到附近人家門前的草地遊走，牠們的排泄物剛好成了養分，所以這附近的草總是很茂盛。

　　Len 教我如何接近牠們，除了要慢慢移動外，當牠們抬起頭時就要暫停，如果牠們覺得你沒問題，就會低下頭繼續吃草。通常袋鼠警戒心都很強，尤其這裡的是野生袋鼠，不太願意讓人靠近，所以牠們會主動跳開遠離人類。我發現群體裡面有對袋鼠夫婦，會看出是來是因為母袋鼠只要一移動位置吃草，公袋鼠馬上會跟著移動過去。我試著接近牠們，才接近幾步，公袋鼠瞬間警戒的站起來，身高看起來和我差不多，我嚇一跳趕緊後退，要是被成年袋鼠追著跑可不是鬧著玩的。

　　Len 開車帶我四處繞，我們停在一戶人家後院，那裡有一隻母袋鼠和牠的小孩在吃草。我們一邊拍照，一邊蹲下身嘗試接近，最後甚至接近到只有一步遠的距離，這非常難得。在 Len 的建議下，我試著摸摸牠，這隻母袋鼠竟然毫不在意地繼續吃牠的草，不管我摸哪、摸多久，牠的頭抬都不抬。Len 趕緊替我照相，他自己也非常訝異，他帶旅客來這麼多次，這也是第一次遇到如此不怕人的袋鼠，尤其牠旁邊還有小孩呢！

很容易分辨性別的袋鼠

| 1 | 2 |

1 公園裡悠哉吃草的野生袋鼠
2 不怕人的袋鼠母子

二手書店的聖誕禮物

西澳的交通比東岸還不方便，尤其郊區更是。從 Len 家去曼杜拉市中心，要橫跨三個區 Zone 7 到 Zone 9。所有交通工具都是以區域計價，每天來回等於要支付跨六個區的車費，不便宜，而且一個小時只有一班車，不是顛峰時間的話，甚至要兩個小時才有一班車。

曼杜拉較著名的是海豚觀光，可以購票搭乘觀光遊覽船，船上會有解說人員，尋找海豚的同時也可以欣賞運河風景。Len 依舊秉持著「不需要浪費錢去看」的精神，趁著假日開車帶我到他的「海豚欣賞私房景點」尋找海豚。當時天氣不好，我們在冷冽的強風中等待許久，終於陸陸續續看見海豚浮出水面，非常可愛！

在曼杜拉多數時間，我都在四處散步，坐在公園看來來往往的人群。出國後，我要求自己多和人談話，所以在公園有小朋友靠近，就和他們打招呼；遇到遛狗的，就湊上去問可不可以拍照，狗主人還會很愉快的幫忙把狗喬到好姿勢讓我拍。雖然主動開口需要勇氣，但每天這些小小的互動都是比風景更美的回憶。

碼頭裝置藝術，非常多觀光客喜歡爬上去拍照

一天下午，我來到一間二手書店，這裡的二手書藏書量不僅多，且保存良好，近乎可以說是全新。老闆娘非常友善，拿著梯子在書櫃爬上爬下，幫我找適合我的書。我在這間二手店不知不覺待了兩個小時，老闆娘還泡咖啡給我喝。我和她聊著我的旅行，她對於一個女孩子敢自己一個人旅行感到非常佩服。要結帳時，老闆娘直接把書送我，她說這是送我的聖誕禮物，並希望我在接下來的旅行中，能偶爾傳傳照片給她看，她對我的旅行感到好奇。就這麼不知不覺又交到一個朋友，我們交換聯絡方式，一直到我回臺灣，我們都還有繼續聯繫。老闆娘時常傳她孫子的照片，及二手書店的活動照片給我看。

1		**1** 這些都是私人船隻
2	3	**2** 無所不在的鳥
		3 正在重新上漆的圖書館
4	5	**4** 小小的二手書店
		5 被淹沒的小櫃檯

曼杜拉博物館

旅客來曼杜拉通常是體驗水上活動，但也不是沒有室內景點，推薦大家可以到曼杜拉博物館一遊，建築物外面看似小又不起眼，但裡頭的展示非常豐富；主要介紹曼杜拉的歷史，及展示復古文物，例如過去的小學教室、復古汽車、過去的醫療用品等。還可以親手玩看打字機、用古代喇叭形狀聽筒打電話，很有趣。這間博物館的工作人員都是些志工爺爺奶奶，他們非常健談，看到旅客進來都會非常開心，主動介紹館內展示。如果有時間的話，也可以多和爺爺奶奶們聊天。

在 Len 家住了一星期，多數的時間我都在聽 Len 分享他的旅行故事，及沙發衝浪經驗。他有太多太多旅行故事可以分享，相較起來我就像個無知的孩子。我想介紹臺灣，但 Len 已經自己環遊過臺灣，甚至很多景點我都還沒去過。想分享刺激的跳傘經驗，沒想到 Len 早在幾十年前就跳過，也買了錄影帶。當時沒有 Gopro，還得花更多錢買個人扛著攝影機一起跳下去幫忙錄影，想像著那個畫面，覺得有點想笑。

和 Len 談話後，因他豐富的旅行經驗而感動，讓我希望自己有天也能擁有這麼多屬於自己的故事。非常感謝他這次的熱情招待，最初正因為有 Len 的邀請，我才敢放膽使用沙發衝浪成功的完成旅行。

舊監獄模擬情境

INFO

曼杜拉博物館
開放時間：週二至五 10am - 4pm、假日 11am – 3pm
費用：免費

	2
1	3
4	

1 復古車
2 博物館入口
3 這些復古文物都可以自由拿起觸碰
4 以前小學課桌椅

Unforgettable

摸到正在別人家屋前吃草的野生袋鼠，這絕對是這趟旅程最幸運的體驗了！Len 趕緊全方位替我拍照和錄影，回家的路上我們不停感嘆這幾乎不可能有的機會。

［ 戴恩內拉 Dianella ］

真的睡沙發了！

住宿日期
12/22
～
12/26
共 4 晚

　　依依不捨告別 Len，我坐著火車再次回到繁華的伯斯。連續在 Rockingham 和 Mandurah 兩個悠閒的小鎮住了一段時間後，忽然覺得都市太吵，已經開始想念郊區的寧靜。

　　下一個住處並不好找，我在艷陽下走了幾十分鐘才找到。新宿主住在環形舊式公寓，這間公寓已經嚴重掉價，此時賣出去會虧損幾百萬澳幣。自從來到澳洲，不論住處高級與否，我很幸運都睡在床墊上，而這次的住處，是我第一次真正睡「沙發」。因為沙發不平，空間小又不容易翻身，睡起來腰酸背痛。早上宿主醒來時，我也跟著起來，因為被人看著臉睡覺得有點不好意思，晚上也是等到宿主都回房後才關燈就寢；而且這次睡的是公共區域，自己的東西必須好好收回背包，才不會阻礙人家。

我睡在客廳的灰褐色沙發

熱愛語言的宿主

　　我的新宿主是一對年輕情侶 Meagan 和 Josh。他們招待過非常多的沙發旅客，就在我到來的那天早上，才剛有兩位義大利女孩離開。和我聯繫的宿主 Meagan 今年 27 歲，對語言非常有興趣，我試著教她中文，她一點也不覺得難，還覺得很有趣。我送她「永保安康」車票，並和她解釋上面的文字有趣之處時，她非常開心，要我把翻譯寫下來。Meagan 說話溫柔有氣質，但也因為她個性較內向，從不主動說話，即使我盡力開話題，或是 Meagan 在廚房忙的時候，我主動去幫忙，藉機談話，但還是尷尬的時間比較多。我們兩個經常沉默的互相乾笑，這個狀況直到最後一、兩天才比較改善。

　　和她同居的男朋友 Josh 今年 29 歲，曾是公司工程師，多年前離職後，現在是健身房教練。他的工作不穩定，因為健身房只是提供場地，他每個月需付費給健身房，自己要去拉客。他曾帶我去客人的店裡消費，藉機和店主聊聊健身狀況，算是為了鞏固客源。Josh 偷偷告訴我，他認為自己早該向 Meagan 求婚，但手頭實在太緊了。客廳花瓶插著一大束花，是前天交往 9 年紀念日，Josh 花 50 澳幣買的。他要我不要告訴 Meagan 花束價錢，否則 Meagan 會氣死。

　　Josh 比較活潑，也比較會主動分享自身故事。每天回家見到他時，第一句話總是問我「要不要啤酒？」，我也總是問他「你手上的啤酒是今天第幾罐了？」

1　Josh 送給 Meagan 的紀念花束
2　假日市集，Josh 帶我去光顧客人的店

聖誕猜謎晚餐

住宿期間正好遇上聖誕節，Josh 帶我一起回父母家吃聖誕節大餐，家族成員都會在今天回家。

能參與真正西式的聖誕節，感覺像進入電影世界一樣。Josh 的父母、奶奶、哥哥及妹妹，都非常歡迎我的到來，友好的互相握手、自我介紹，介紹家族聖誕晚餐是如何進行，還教我玩撞球。可惜說來慚愧，我一個名字也沒來得及記住，也錯過再問一次的時機。Josh 媽媽特別照顧我，不停和我聊天，讓我不會尷尬站在一邊不知所措。她問我要不要喝飲料，接著說了一大串選項任我選，我一時愣住，聽了後面忘記前面，更糟糕的是，在場 7 個人全部盯著我等我的答案。被 14 隻眼睛直勾勾的看著，我腦中一片空白，Josh 爸爸較性急又問一次「你想要什麼？」，他媽媽用手肘撞了一下他爸，小聲道：「她正在思考呢！」我真是欲哭無淚，無法坦白其實我什麼都沒在想。最後還是只能請 Josh 媽媽再說一次，她終於了解我的困難，便放慢速度一個一個說給我聽。最後我選了香檳，他們特地從冰箱開一瓶新的，替我倒在高腳杯，並混了橘子汁。

晚餐是自助式，有牛排、蔬菜、番薯等，還有自製醬汁。盛好想要的分量後，到餐桌和大家一起用餐。每個人的位子上都有個白色聖誕拉炮，這是聖誕節傳統遊戲，在雜貨店就可以買到的玩具。拉炮共有三節，和隔壁的人各拿著頭尾兩端用力拉，便會發出類似爆炸聲並斷開，中間那段有紙皇冠、塑膠玩具和一小張聖誕猜謎卡。

在進行聖誕猜謎卡時，大家全程戴著皇冠，非常重視這項傳統；由於大家輪番分享手中的謎語時，都是些英文諧音的冷笑話，我不太懂那些梗，所以只是看著大家搖頭說這些笑話有多冷，Josh 媽媽體貼的和我說：「還好你不懂，這些題目實在太爛了。」輪到我的時候，坐在我隔壁的 Josh 妹妹替我念題目，顯然我這張猜謎也很無聊，大家聽完答案後依舊沒什麼反應。

下一個提問的是隔壁的 Josh，他問：「全世界最濕的動物是什麼？」我一聽，答案立刻浮現在腦內。在場除了我和 Josh 外，全都一片靜默的思考答案，Josh 哥哥還非常認真的問：「這是跟聖誕節有關的題目嗎？」。我忍不住想，聖誕節最代表性的動物不就那個而已嗎，但在場似乎沒人想得出來，我用有些猶豫的語氣回答「Reindeer」——馴鹿。Josh 先是點點頭，眾人先愣三秒後才反應過來，全場大笑拍手道：「對啦！Rain－Deer！」一直被嫌無聊的猜謎語，因為我意外說出正解，讓氣氛頓時熱鬧起來。在這一瞬間，忽然有真正融入這個家庭的感覺。

用餐結束後，我和老奶奶聊天，喝著 Josh 媽媽替我泡的英式奶茶。高齡的老奶奶非常專心聽我的旅行故事，她覺得我很了不起，敢自己出來旅行。一旁的妹妹則問我會

不會想念父母，我先回答 NO，想想這樣講好像不太好，才趕忙改口說 YES ！Josh 爸爸和妹妹笑歪，他們很開心的說；「恭喜你成為澳洲人，這就是澳洲小孩的反應，從來不想念父母。」

1		**1** 每個人的餐盤上都放有聖誕拉炮
---	---	
2	3	**2** 現成的甜點
		3 家裡有很多應景的聖誕裝飾

交換聖誕禮物

隔天一大早，我們又再次來到 Josh 父母家，因為今天是聖誕節，要拆聖誕樹下的禮物啦！每個人都有一個大聖誕襪來裝自己的禮物，這些禮物是大家互相買來贈送的。我事前不知道原來他們有交換禮物的活動，兩手空空就跑來，只好有些尷尬地坐在一旁。

就在大家的聖誕襪都滿到溢出來時，Josh 妹妹突然拿了兩大盒禮物給我，這是 Meagan 和 Josh 媽媽送的禮物，我非常驚訝竟然也有我的份！Josh 媽媽送我兩盒 T2 的茶葉，分別是烏龍茶和白茉莉花茶。這是澳洲有名的牌子，習慣喝茶的家裡幾乎都有 T2 的茶。Josh 媽媽説，因為我在旅行，所以她認為消耗品是最好的，還用一個很可愛的馴鹿紙袋包裝。她説昨天在找紙袋裝禮物，看到這個袋子，就想到晚餐的猜謎，馬上就決定用這個。Meagan 則送我櫻桃口味的糖心巧克力。她在我還沒來之前就已經買好了，實在非常感動！

很感謝他們準備禮物時，也把我一起算進去，讓我今年的聖誕節特別溫馨精彩！

1　擺滿禮物的聖誕樹
2　一人一個大聖誕襪，用完回收明年繼續用
3　意外收到的溫馨聖誕禮物

西澳大學

　　因為嚮往著國外大學生活，在 Meagan 的推薦下，決定到她的母校－西澳大學走走。此時是聖誕連假，學生早已回家過節。我走在幽靜的校園裡，想像開學後熱鬧的情景，欣賞著有別於臺灣大學的歐式建築。西澳大學有養一隻有名的孔雀，可惜那天我怎麼找就是找不著牠的身影。據說孔雀通常出沒在美術系大樓，有機會到西澳大學的話，可以去找找看。

　　出了西澳大學後，沿著斯旺河走，可以看到一棟藍色小屋佇立在斯旺河上。如照片所示，這並不是個大景點，也許會有「就這樣？」的想法。但若有機會來到附近，不妨來這裡照張相，就算只是坐在走道邊緣吹吹風也很舒服。小屋對面就是可以俯瞰整個伯斯的國王公園，可以把這兩個景點安排在一起。

1	2
3	4

1 西澳大學著名建築
2 特別的系辦公室
3 校內一角
4 大學入口沒有大門

Unforgettable

紙巾上有可愛的馴鹿圖案，非常用心的擺設。首次在夏季度過的平安夜，意外得到來自異國家庭的熱情歡迎與照顧，無條件的包容，將我帶進這個家庭，這是我度過最特別的聖誕節了。

科莫 Como
和單身男性同住一個屋簷！

睡了四天沙發，終於能再次躺在床上了，不得不承認內心稍稍鬆了口氣。接下來的新宿主 Andrew 是位工程師，家住在南伯斯區，離公車站僅約五分鐘距離。

雖說之前和 Len 住得很開心，但這次是真正第一次和單身年輕男性同住一個屋簷下。所以最初和 Andrew 聯繫上時，心中不免有些擔憂，不過旅行了一個月，接觸了許多人，自身安全當然仍時時警惕，但「和男生住很危險」這個觀念，已經不像一開始那麼強烈。

在瀏覽 Andrew 的檔案時，他非常強調「雙方」都要在沙發衝浪網站上按下「確定可住宿」，才會給家裡地址，也非常強調不希望只把他家當免費旅館。因為怕會有一些只想依賴宿主而什麼事都不做的旅客，所以他給了多種到他家的交通方式，表明旅客必須自己找到他家。整體看下來，給人的第一印象並不是個隨便的人。有些人會因為宿主的要求覺得麻煩，選擇去尋找新宿主，但我認為只要不是太超過的奇怪規定，這些都是互相體諒的事情。Andrew 雖然在和旅客正式見面前有以上那些要求，但一見面後，便會立刻發現 Andrew 是個非常大方、體貼旅客的好宿主。

我循著地址來到 Andrew 家時，他其實正要出門，留在家只是為了幫我開門。他住在兩房一廳的公寓，花兩分鐘迅速介紹完，告訴我家附近的商店位置後，便把家裡鑰匙交給我，自己出門去。每次拿到人家家裡鑰匙我都很驚嘆，世界上真的有人這麼善良，願意把自家鑰匙交給一個剛見面不到五分鐘的人。和男生住很危險？對宿主來說，就算是女的，讓一個陌生人在家裡亂晃才更危險吧！

Andrew 的工作地點在達爾文，他會連續工作幾個月，然後放一到兩個月的長假，這時他就會回西澳這個家，並趁此機會招待沙發衝浪旅客。今年他也有招待一位來自臺灣的女孩，透過那女孩，Andrew 對臺灣已經有一定程度的了解。Andrew 非常健談，不論電影、音樂都樂於分享。Andrew 年輕的時候也嘗試過高空跳傘，他把影片找出來播給我看，一邊笑著說，他當時整個人緊張死了，影片中教練訪問時，臉上滿滿僵硬的微笑。此外，有任何旅行上的問題也都可以問他，比自己 Google 還更快更實用。如果有想去景點，Andrew 會主動提議開車接送，甚至陪旅客一起去。Andrew 也非常善於做飯，在我住宿期間，他做了辣味烤地瓜片和墨西哥捲餅給我當晚餐，我們在公寓小陽台邊看星星邊享用。

1 公寓外觀

2 百利甜酒加上牛奶和一點點伏特加,就會變成很好喝的甜飲品

3 如果同時有兩個客人,其中一位就睡沙發

4 辣烤地瓜製作中

卡胡奴無尾熊動物園

來澳洲的必做清單裡，有一項就是「抱無尾熊」！多數人都會去卡文森動物園，那裡較大較有名，規模較完整，知名觀光景點天鵝酒莊也在附近，正好可以一次去兩個景點。但我選擇去連當地人也不見得都知道的「卡胡奴動物園」，這個動物園雖然較偏遠，但可以「無限時間」抱無尾熊。這麼好的機會，當然要去這裡囉！

要去卡胡奴動物園，先從伯斯坐火車 Armadale Line 到終點站，再轉乘巴士。到此都還容易，但接下來的路必需要靠地圖慢慢走。不但要危險的走在沒有人行道的大馬路邊緣，還要在無人的小道走將近 20 分鐘，路上什麼大型建築都看不到，荒涼到不行，我一度以為走錯還折返重找，好不容易才到達動物園。

這動物園的門口是一片荒蕪的沙地停車場，雖然掛有寫著「Welcome to Koala Park」的布條，但已經舊到顏色都掉光了，完全沒有動物園入口該有的樣子。這時不要疑惑繼續走就對了，穿過停車場後，會看到像建築物後方用來擋非相關人士的鐵網門，這毫不起眼的小門，就是大門！

一般門票再加購抱無尾熊的費用，總共 40 澳幣，把票拿給無尾熊園區的工作人員看，工作人員就會去樹上挑一隻醒著的無尾熊給遊客。

抱無尾熊前，會先給遊客穿上保護衣服的背心，接著左手拿尤加利葉的葉子，右手抱無尾熊。我抱的無尾熊是一隻叫 Hana，四個月大的女生。她一手搭在我的肩上，非常專心吃葉子，我怎麼摸她都不管。其實抱她時，雙手無法騰出來，只能動動手指摸摸大腿毛，但可以用臉頰偷偷輕柔的碰觸她柔軟的耳朵。因為我是自己去，所以請工作人員幫我拍照和錄影，工作人員非常盡責，全方位各角度拍了非常多張。

這間動物園雖然不大，動物種類也不多，但除了鳥、兔子這類體型嬌小容易不見的動物外，其餘的動物都可以自由在園區內跑。每種動物雖然都有自己區塊，也有圍欄圍著，但平時圍欄大開，任由動物自行出入。只有在閉園後，為了「點名」才會把牠們趕回去。柵欄上的告示牌寫的不是警告標語，而是大大的寫著「動物若不在家，請自己去找」，非常有趣！

多數的動物都已經習慣人，可以自由摸牠們，並和牠們玩自拍。動物常常會轉頭不理人，或是好奇用鼻子撞手機，趁牠們進食時照相會比較容易一點。鳥類就比較難接近了，這個動物園養了許多孔雀和鵝，牠們很喜歡躲在矮樹叢下乘涼，但人只要靠近一小步，牠們就會立刻站起。能和動物靠這麼近真的很開心，很喜歡這種型態的動物園。不過在鳥園時，看著與籠內同品種的野生鳥停佇在鳥籠外，仍忍不住感到諷刺。

1		**1** 非常荒涼的入口
2		**2** 無尾熊區
3	4	**3** 一進去就可以看見野放的動物
		4 逛大街的孔雀

多數動物雖然能混在大空間一起四處跑，但也不是完全沒區隔，袋鼠類在另一個區域，和牠們的好朋友梅花鹿在一起。較大型且可能會攻擊的動物如鴕鳥，則被另外隔起來，遊客不得進入。卡湖奴動物園裡還有可愛的草尼馬，且沒有被關起來，但是牠們警覺性很高，只是稍微靠近一點點，牠們就會衝刺跑走。動物園內有觀光小火車，需額外付費，帶著遊客遊覽整座園區。不過這座動物園不算大，我比較推薦大家可以自己走著慢慢看就行了，沿途可以和四處亂逛的動物們拍照，不是更有趣嗎。

1	2
3	

1 趁著羊專心吃草，是和牠們自拍的好時機
2 可愛的小馬
3 懶洋洋的躺著，完全不在乎瘋狂照相的我

1	2
	3
	4

1 在園內四處逛的豬
2 羊駝在人靠近前就會跑掉
3 享受午後慵懶氣息的梅花鹿
4 火雞跑步速度很快，非常難
　接近

和 90 歲老奶奶一起上賭場

以前只能在電影中看賭場情景，此次來到澳洲，一定要去有名的皇冠賭場體驗看看。皇冠賭場有固定優惠活動，只要搭乘接駁車去賭場，下車時，司機會給一張藍色卡片，裡面有三個免費券，包含回程接駁車券、自助式午餐券、樂透兌換券乙張。進賭場需要有會員卡，新會員辦卡贈送三元賓果點數及五元籌碼。

Andrew 載我去接駁站，我坐在椅凳上，有個老奶奶拄著拐杖氣喘吁吁的走來，我立刻站起問她要不要坐下。她雖然很喘，握拐杖的手一直抖，但還是說不用。

等待期間閒著沒事，便和奶奶搭話，她要我猜她幾歲。我說 60 歲時，她笑得非常開心，說那是 30 年前的事，她現在已經 90 歲高齡，孫子都比我大了。我聽了下巴差點掉下來，90 歲還能一星期上賭場兩次，好有活力的奶奶啊！奶奶聽我是第一次去賭場，便熱心帶我去辦會員，仔細解釋優惠券用途、賭場遊戲機操作方法，還告訴我哪台賓果機會有漂亮舞女的圖案，非常可愛。賭場內多數都是中老年人，看著許多老人沒朝氣似的坐在賓果機前，機械式的按著按鈕，總是忍不住想嘆息。

我們在一般區域繞了一圈後，奶奶掏出白銀會員卡，帶我去只有高級會員才能進入的 VIP 區！那是一張需要大量消費才能得到的會員卡，不過奶奶說那是她一位已經有黃金卡的朋友借她的。奶奶告訴櫃檯我是她朋友後，櫃檯人員也沒阻攔，笑著歡迎我進去。VIP 區裡面只有賓果機，和外頭的機器大同小異；裡外最大的不同，是內部的茶飲可以無限次取用，外頭一天只有前五杯免費，不過對旅客來說，五杯免費飲料也很不錯了。另外內部設有酒吧和糕點，但需付費購買。

我用贈送的五元籌碼去玩俄羅斯輪盤，圍在桌邊的客人手邊都堆滿了籌碼，出手也十分闊綽，我的五元孤零零地躺在紅色區塊，看起來特別窮酸。在黑與紅的二分之一概率中，我幸運賭贏，五元籌碼可以換成現金。我開心的伸手想拿籌碼，但因為太矮，整個上半身都趴在賭桌上了還是拿不到，全場的人都盯著我，直到旁邊的人好心拿給我，真是夠害羞的！

去吃免費午餐前，奶奶先帶我去看賭場對面的皇冠酒店，還帶我去地下樓層看高級游泳池。我們走樓梯下去時，奶奶一直喘，但堅持可以自己走，我一直很擔心奶奶會喘不過氣。自助餐對面是樂透區，在享用午餐前，可以先用優惠券換張樂透。我又幸運中了一塊錢，今天運氣真不錯！

自助餐開放到下午兩點，人潮很多，由服務生帶位進去，奶奶本來希望可以安排到窗邊位置，可惜已經客滿。裡面的食物有沙拉、主食、蔬菜、油炸物、兩種湯、現切牛肉及豬肉。吃完後也有多種蛋糕、冰淇淋、飲品任君挑選。我每樣都品嘗一點點，吃得非常飽，旅費有限的背包客，一定要來這裡享受高品質自助餐。

下午兩點半賭場內廣播，等一下會在 VIP 區抽出一台賓果機編號，中獎者可以得到五千元澳幣，相當於十萬臺幣，我們當然不能錯過。時間接近時，VIP 區幾乎客滿，可惜最後我們都沒中獎。我花光會員卡內所有的錢，剩下的就送給奶奶。今天花 10 澳幣門票入場，贏了樂透 1 元、輪盤 5 元，等於我只花 4 元就吃了好吃的午餐、玩遍各種遊戲、喝免費飲料，重要的是還認識了奶奶，真是太值得了！

1 賭場入口
2 高級會員區入口
3 皇冠會員卡及籌碼
4 賭場對面的皇冠酒店

1 教堂內部
2 唱詩班練習中
3 教堂外觀

聖瑪莉大教堂

　　若能放慢步調，漫步於街頭小巷，一旦意外發現美麗之處，會格外開心。

　　有天下午，我原本的目的地是去伯斯籌幣廠，那是澳洲最古老且仍在運轉的籌幣廠。但我去的時間太晚，錯過最後一批導覽，因此只能在前面金飾展覽廳逛逛。因為提早逛完今日預定行程，正漫無目的的散步閒逛，意外發現一座美麗的天主教教堂，挑高的天花板，精緻的石柱、繪著故事的彩色玻璃，踏進去時，忍不住讚嘆。我進入時，裡面湊巧在進行聖歌練習，二樓有大型管風琴及聲樂部，正唱著哈雷路亞，稍晚時，一群孩子組成的唱詩班也在臺上練習合唱。

　　雖然不是正式演奏，但完整度已經非常高，音樂在教堂內迴響著，完全可以媲美交響樂團的演奏。我坐在長椅上欣賞，難得有機會可以聽唱詩班唱歌，他們練習多久，我就聽多久。

/INFO/

天主教教會 Saint Mary's Cathedral
地址：Victoria Square, Perth WA
6000, Australia
網址：perthcatholic.org.au
開放時間：每日 8am-6pm

英厄路 Innaloo
彷彿來到國際交流站！

住宿日期
12/30
～
1/8
共 9 晚

這一站，是我在西澳的最後一站。

宿主是一位叫 Melanie 的開朗女生，我在出發前兩個月就已經和她聯絡。我一開始並沒有寫住宿日期，而是先詢問「方便可住宿時段」，對方回答後，由我這邊配合，這樣就可以增加住宿機會。Melanie 很活潑，是位非常熱心助人的善良女孩。我原本只申請住五天，但在西澳的最後一星期，不知怎麼的就是一直找不到其他住宿地，跟 Melanie 商量後，她主動大方的讓我住到離開的那天。

我們見面那天，她來火車站接我回家，一個難得比我矮的澳洲女孩，踩著快速的步伐走來，一下子就認出了我。她說話速度很快，一開始我為了聽懂，得全神貫注的仔細聽，擔心自己漏聽對方的話。我們到家時，我為漂亮的透天房感到讚嘆。Melanie 告訴我，原本她自己租一間薪水付得起的個人房，但環境小又窄。所以現在，她租了兩層樓的透天房，招三個室友共同分擔房租，一個人需要付的價錢並不比以前多，但客廳、廚房等環境都較以前寬敞的多。

Melanie 的工作狀況和我自己有點像，因此當她談起工作時，我常常會把自己和她重疊。她是位廚師，好不容易找到自己喜歡的工作，但她並不是正職員工，而是有需要她幫忙時，才會叫她過去的時薪工，所以她在經濟上也必須很控制。如果在臺灣，以她的年紀和狀況，一定會被多數人勸說快去找「穩定」工作。但 Melanie 即使在工作場所被欺負，仍努力堅持做下去，因為那是她夢寐以求的工作。她的態度讓我非常佩服，覺得自己一定要和她一樣勇敢，不可以只因外界的言語而先放棄自己。

來自世界各地的室友

由於滯留期間長，和 Melanie 及她的室友們都有很多機會相處，她的室友全非本地人。來自英國的 Luke 及愛爾蘭的 Jammy 都是申請工作簽證來。我告訴他們，臺灣有不少人嚮往到英國工作，結果他倆立刻搖頭，叫我不要去，說澳洲比較好，接著兩人熱絡的批評起英國工作環境。不過他們還是很愛自己國家，等工作滿五年、得到永久居留證後就會回國去。看著 Luke 和 Jammy 說話時，常常有大英帝國就在眼前的感覺。

Luke 很喜歡澳洲的天氣，因為伯斯總是大晴天，不像英國老是陰雨綿綿。他來澳洲後，開啟新樂趣，最近正在努力練習風箏衝浪。他說，雖然偶爾會想念家鄉，在這裡工作的同僚也對他不太好，但他喜歡這裡的生活，所以會堅持到能回家的那天。

除了我之外，還有兩位法國旅客 Nicolas 和 Gabriel 也在這裡短暫居住。我住的房間本來是他們在用，但我到達那天，他們兩位去露營不在，我就先暫住使用。但即使露營回來，照理說是後到的我去睡客廳沙發，但這兩位法國紳士說讓個女孩子睡外面很奇怪，所以他們把房間讓給我，自己鋪露營用的床墊睡客廳；而他們還很開放的，總是穿條內褲就在家裡跑。他們經常做各式各樣的法式家鄉料理給大家吃，還開了法式起司派對。這種起司餐在法國很流行，但很不健康。吃得時候要把切丁的麵包插在叉子上，伸進起司鍋裡沾融化的熱起司，如果麵包掉進鍋裡，就要全裸出去跑一圈。這種起司餐通常在法國冬天吃，也就是說，要全裸在雪地中奔跑。Nicolas 說他跑過，我想像著那個畫面，一定瘋狂又有趣。

在這間大房子裡，除了 Melanie 是澳洲人，其他全是外國人，簡直就像住在豪華版的青年旅館一樣，和他們聊著家鄉最真實的樣貌，非常有趣。其中，我最喜歡要他們用道地的「鄉音」說話。我要英國的 Luke 學英國皇室口音，他笑到不能自己；另外要法國人對我罵低級的髒話，他們很為難，認為我就算聽不懂，也實在無法罵出口，所以最後變成兩人激烈互罵。法文我是一個字也聽不懂，在旁邊聽著只覺得這和平時聊天的語氣一樣好聽，我們的臺語罵起來比較帶勁。Gabriel 向我解釋，因為法語的連接詞太多，才會導致語氣聽起來柔軟。

大夥兒經常聚在客廳一起吃飯

1	
2	4
3	

1 Melanie 房屋的外觀
2 我睡的前廳，摺疊沙發
可攤平變床
3 開放式廚房
4 Nicolas 和 Gabriel 做的
咖哩晚餐

跨年奇遇

今年很多大日子都在澳洲度過，除了聖誕節，還有跨年迎新。早就聽說澳洲人不太像我們會舉辦大型演唱會，雖然有表演，但規模較臺灣要小得多，因為多數人都會選擇和親朋好友一起聚餐度過。到了跨年這天大夥兒都各自出門找好友玩樂去。我沒事做，看了澳洲官網上寫的跨年活動，說實在看起來不太有趣，白天的活動大部分都是親子活動，但就這麼待在家也實在浪費，所以下午四點，我也出發前往市區去，而街上早已聚集許多人，商店幾乎客滿。路上有許多藝術表演者，有在巨型泡泡球裡前進的芭蕾舞者，也有踩高蹺的人。

伯斯市區共有兩個舞臺，第一舞臺在北橋，座位已滿，有些人乾脆在花圃鋪野餐巾野餐。我選擇到人較少、視野較佳的市區圖書館前廣場舞臺欣賞。臺上正表演著兒童劇，表演者用誇張的演技，和台下眾多小孩熱情互動。8 點 55 分，兒童劇結束，主持人上臺要大家一起練習怎麼跨年倒數。

練習兩次後，舞臺螢幕出現跳動的數字，當倒數到 1，下一秒舞臺兩邊放出小煙火。我想著這練習好真實，愉快地看著眾人互相擊掌。9 點的樂團表演主唱上臺，他愉快地和大家打招呼：「大家新年快樂，剛剛我覺得我就像身處在雪梨一樣。」聽到這裡，我才驚覺剛剛那是真正的倒數！雪梨的時間比伯斯早 3 個小時，就算伯斯 12 點會再另外倒數一次，但剛剛完全沒拍照，甚至連狀況都搞不清楚，實在令人捶胸頓足！

不小心錯過，心情有些不愉快，臺上表演團體也不認識，決定提早回家，沒想到雪上加霜，已經沒有公車了！此時時間九點半，交通官網雖然說會在跨年夜加開班次，但英厄路這區只加開到八點。後悔自己沒事先查末班車時間，室友們都不在家，也攔不到計程車，只好在黑也中徒步走 40 分鐘回家。

街頭藝人

| 1 |
| 2 |
| 3 |

1 店家幾乎滿座
2 北橋舞臺早早便坐滿
3 圖書館前舞臺，黃衣警察正騎單車巡邏

雖然澳洲治安不錯，但晚上一個人走在路上，心中的警鈴還是不停響著。尤其一拐進住宅區，安靜的就像沒人，只有幾盞微弱的路燈勉強發著光。也許是我太杞人憂天，但是接下來還有半小時的路程，一個人走在這裡實在太危險。正苦惱著該怎麼辦時，我看見轉角有戶人家，一位婦人正在拿後車箱裡的東西。我的腦袋快速盤算著，是請陌生人載我比較危險？還是自己走夜路 40 分鐘比較危險？掙扎幾秒鐘後，決定賭一把。我小心翼翼上前和婦人打招呼，那婦人嚇一跳。我立刻揚起人畜無害的微笑，展現最大誠意問：「你好，我知道這很奇怪，但是已經沒公車，可否麻煩你載我回家？」

　　那婦人比我還警戒，一臉我是瘋子，這反倒讓我比較放心。我詳細解釋我的狀況，也強調「我能理解我的行為真得很奇怪」，希望能降低婦人的戒心。婦人一直用很差的口氣喊：「你真的很奇怪耶，我不能相信你！」我努力盡最大禮貌，真誠回答她的問題。最後她沉默一會兒，問我從哪個國家的哪個縣市來。我差點要把臺灣地形全講一遍時，她打斷我，用中文說「上車。」這下換我驚訝了，詢問後驚訝發現，原來這位婦人也是臺灣人！我一路上拼命道謝，婦人口氣雖差，但還是再三確定我真的進家門後才走。今年跨年最愉快的回憶既不是煙火也不是跨年表演，而是在他鄉遇見的好心家鄉人。

| 1 | **1** 到處可見維安的警察 |
| 2 | **2** 深夜的火車站 |

羅特尼斯島

　　只要有機會到西澳，一定要到鄰近的羅特尼斯島一遊，享受悠閒的大自然，並尋找世上最快樂的小動物「短尾矮袋鼠」。

　　這些矮袋鼠不怕人，常常會主動接近遊客，可以趁機抓緊機會和牠們自拍。矮袋鼠很厲害，像是知道我的隨身包裡有食物，直接咬住我的包包，甚至還拉開拉鍊，我想把包包搶回來，卻又怕太用力會傷到牠們的爪子，因此來來回回拉扯好一番。這些矮袋鼠遍布在整座島，要找到牠們非常容易。不過這些短尾矮袋鼠雖然很可愛，但還是要注意安全，若袋鼠不希望有人接近，通常會自己跳開，但我也見到有個小男孩嘗試接近矮袋鼠，結果差點被咬。

1	2
	3

1 對相機十分好奇
2 睡覺中
3 捕捉到如藝術照般的好畫面

羅特尼斯島除了尋找短尾矮袋鼠外，也非常盛行騎單車環島。腳踏車可自備，或購買渡輪票時順便租一台，他們會附安全帽，腳踏車是變速的，維護的非常好。出發前可向櫃檯索取島上地圖，上面清楚標有單車路線、裝水處等各種標示。羅特尼斯島過去作為軍事基地，島上有許多景點，例如廢棄的軍事基地、砲台，遠方海岸邊還有沉末的船。

單車路線可選擇環半島或全島，若想一天來回，或是體力有限者，建議可以環半島。一路上風景優美，有海、有湖、有樹林，但路途並不平坦，有非常多斜坡，十分考驗體力。我去的那天正好風勢很強，逆風騎到大腿痠痛，多次必須停下來，牽著腳踏車爬坡。若想快速遊覽整個島，也可以選擇乘觀光巴士。

除了陸上活動外，這裡海水清澈，水上活動也十分熱門，例如浮潛，划船等等，也可以在這裡嘗試高空跳傘。如果想要多花點時間慢慢探索羅特尼斯島，可以安排在這裡玩兩天，晚上住島上的旅館。

1	2
	4
3	5

1 通往景點的鐵軌小路
2 過去的軍事基地，裡面有介紹海報
3 島中央的燈塔
4 砲台基座
5 腳踏車路線

||INFO||

羅特尼斯島渡輪

欲前往羅特尼斯島,有兩家渡輪公司可選擇,渡輪出發點不同,可依據個人方便乘船處,或可配合相關旅遊套組訂購。
兩家都有租借腳踏車的服務。

此次我選擇搭乘 Rottnest Express,船票+租借一日腳踏車+手續費=澳幣 91.35 元(約臺幣 2,100 元)。不怕船身
搖晃,或是容易暈船的人,可以到二樓最靠外一排的露天座位,吹海風、欣賞海洋。當船身隨著海浪搖晃時,還會
有海浪飛濺上來,非常好玩。

Rottnest Island Fast Ferries:rottnestfastferries.com.au
Rottnest Express:rottnestexpress.com.au

1	2
3	4
	5

1 即將出發的渡輪
2 租用或自帶的腳踏車,
都由工作人員小心放在
渡輪尾端
3 渡輪內部
4 夕陽西下準備回家時,
隔壁的 Rottnest Island
Fast Ferries 也準備回家
5 此次搭乘的 Rottnest
Express

費里曼圖

　　只要從伯斯市搭火車約 30 分鐘，便可到達伯斯西南方的費里曼圖。費里曼圖不大，只需一天就可將重要景點逛完。如果不知從何逛起，可以先到遊客中心拿地圖，請工作人員推薦路線，他們都會熱心介紹，省去不少自己摸索的時間。這裡也有免費紅貓及藍貓巴士，旅客可以多加善用。費里曼圖具有殖民歷史，許多建築擁有歷史的痕跡，例如著名景點費里曼圖監獄、圓屋。

1	2
	3

1 遊客中心
2 圓屋
3 藝術中心

費里曼圖監獄

在此推薦海事博物館附近、地圖沒有標示的好風景。這是在錯過公車後，等待期間四處亂晃，因緣巧合發現的好地方。海事博物館旁就是港口，附近有許多船隻停靠，可以近距離欣賞船隻。沿著博物館外圍靠海平台走到底，可以通往建築外圍木製觀景步道。當時四下無人，我悠閒的吹著海風，欣賞海景，慢悠悠地散步，心情感覺非常好。步道最後有一大型露天平台，可以在這裡坐著休息，但別以為這就是結束，一定要走的最盡頭。拐過盡頭的轉角，一艘古老的潛水艇立刻映入眼簾！這是第一次世界大戰時期的潛水艇，上面布滿水流的痕跡。雖然走廊離潛水艇稍有距離，但龐大的船身仍非常壯觀。

1	2
3	
4	5

1 海事博物館
2 1915 年的潛水艇
3 博物館附近停靠船隻
4 博物館外圍觀景步道
5 潛水艇的歷史介紹

Unforgettable

這晚，兩位法國大男孩 Nicolas 和 Gabriel 下廚做晚餐分享，來自異國的大家聚在一起開心的乾杯，聊著彼此的故事。此時此刻正是沙發衝浪旅行，與世界做朋友的深刻感動。作為在場唯一的東方人，分享有別於西方的文化，這一刻也特別為自己的家鄉感到驕傲！

[尖峰石鎮 Pinnacles
再次相見商業大亨！]

住宿日期
1/8
~
1/9
共 1 晚

　　西澳旅程最後幾天，我收到宿主 Steve 的訊息，他的工作行程更改。在我離開西澳前一天，正好需要到伯斯的公司及伯斯西北方名為 Cervantes 的小城鎮一趟，那裡離著名景點尖峰石陣很近，因此可以利用空檔帶我來個兩天一夜的小冒險，傳訊來問我的意願，我當然立刻答應囉！Steve 是我認為最不可能再見面的宿主，畢竟他住的遠，又公事繁忙，因此能在離開西澳前再見一次，真的很開心。

　　Steve 依舊非常熱心的開車到 Melanie 的家接我，帶著兩份午餐，我們一邊享用，一邊開車前往目的地。我一邊和他說著這一個月來的旅行心得。一路上風景雖單調，但我們歡笑聲不止。

路上非常可愛的告示牌「小心野生動物出沒」

滑沙

　　我再次感受到 Steve 是個非常用心的宿主，和他出門玩，他一定會把行程排的豐富又舒適。在去尖峰石陣前，Steve 先帶我去「滑沙」，那裡是一座又一座白色的沙丘。在茫茫沙海中，有一輛貨車逆著風開租借衝浪板的店。如果沒有當地人帶，還真不知道有這種地方。

　　租一個衝浪板要 10 澳幣，我們租了一個，Steve 先開著車尋找適合衝浪的沙丘，再徒步爬上山頂。俯瞰細白的山丘一定很美，但這裡的風實在太強，眼睛根本睜不開，就算只是普通的呼吸，嘴巴裡也會莫名其妙咬到沙子。

　　滑沙比想像中的還刺激，Steve 挑了一個近乎垂直的陡峭沙波，站在沙丘頂往下看時，還真有點腿軟。風沙太大也看不清楚山丘底部的地形，我有些緊張的坐在衝浪板，雖然摔倒最糟的狀況大概只是滿嘴沙子，不會受傷，但我還是忍不住抓緊衝浪板。Steve 從後面幫我推，滑下去的速度超乎想像的快，想偷偷用手煞車也沒用。滑到底時，我還飛越過一個小洞，屁股狠狠撞到沙地再彈出去滾三圈，整個眼睛鼻子都是沙子，非常刺激好玩。不過沙丘底下的風沙又更大了，別說眼睛睜不開，連呼吸都有點困難。

　　下去雖然好玩，但爬上來非常耗體力。我只爬了 3 次便整個人喘到不行，體力全用在爬坡，到最後還得咬著牙、手腳並用才爬上去。如果平衡感不錯的人，可以試著站著滑更刺激！最後一次我和 Steve 一起滑，我又再次從衝浪板彈出去。如果有機會自駕車遊西澳，非常推薦去看尖峰石陣前，先來試一次滑沙，這是旅一般遊書上沒有的刺激體驗！

尖峰石陣

　　我們先到海邊洗掉身上的沙子，Steve 去海裡快速游泳，我不想把頭髮弄得溼答答，於是利用洗手間旁附設的淋浴設施沖掉沙子。在澳洲的海邊都能非常容易找到淋浴設施，很方便。

　　沖洗後，我們前往南本國家公園的尖峰石陣前進。Steve 付了門票，一路直接開車進去，裡面是一大片沙漠，被風化的石頭高高低低的排列著。有趣的是，雖然這裡是觀光書上必去的景點，但我分別問了 Melanie 和 Steve 這兩位本地人，他們都一口同聲的說：「平時根本完全沒興趣來。」確實，沙漠的景色放眼望去較單調，我要是當地人，大概也不會特地來。比起風化的石頭，地上人工鋪的石子車道反而讓我覺得可愛，有些車道旁會故意圍一大圈停車用，旅客便可下來拍照。

1		**1** 尖峰石陣
2	3	**2** 沙漠小徑
		3 石子車道

下榻的簡易旅館

意外的雙人床

玩了一天，我們準備去今晚要住的旅館。Steve 在邀請我來這趟旅程時，就有先告知我，他只準備預約非常簡樸的旅館，希望我不要介意。當我們到達旅館時，低矮的平房讓人完全看不出來是旅館，房內設施也確實簡單，只有臥房和狹窄的廁所及昏暗的淋浴間連接在一起。

我本來以為再怎麼簡樸的旅館至少會附免洗牙刷、梳子等旅館常見物品，沒想到什麼都沒有，只好去附近唯一還有在營業的加油站，買一支換算臺幣約 125 元，超貴、毛又超硬的牙刷，然後跟 Steve 借牙膏。

Steve 先去洗澡，雖然有在海邊快速沖洗過，但身上還是卡了不少沙子。因為護髮乳沒了，Steve 洗完後便先跑去櫃檯反應這個問題，結果對方直接幫我們升級房間。但當我愉悅地打開新房間的門時，我愣了一下，忍不住「哇」了一聲。Steve 以為我是在讚嘆房內高級設施，但當他也進來時，也愣住了。確實房內的淋浴間變得乾淨舒適，但房內只有一張雙人床，且是標準大小，非 Queen Size，身體一轉，很容易就打到對方。

今天房間多已客滿，Steve 問我介不介意。我唯一的考量是「安全問題」，不過和 Steve 認識這段時間下來，他並非是會做奇怪舉動的人，因此我回答沒問題。不過晚上睡覺的時候，我還是靠著旁邊睡，一方面也是希望 Steve 能有空間翻身，因為這床真的不大，這時很慶幸自己晚上睡姿還不錯

正式說再見

　　這次的兩日遊非常豐富又滿足，吃的好又玩的瘋。晚餐 Steve 帶我去旅館旁附有鄉村氣息的餐廳，由於距離晚餐時間尚早，店內只有些許人。菜單上的今日特餐是 75 澳幣的龍蝦餐及 45 澳幣的杜魚餐，雖然看到龍蝦很心動，但 Steve 說這裡的杜魚很新鮮，所以當然要嘗試當地美食囉！Steve 只吃主餐，他很訝異我連旁邊的配菜都吃光。這裡的餐廳雖然很好吃，但份量實在少又貴，不吃乾淨就太浪費了。不曉得 Steve 看見我們臺灣俗又大碗的肉燥飯，會是什麼反應。隔天早上回程時，我們在路邊的咖啡車買了咖啡。由於我接下來的旅程要去咖啡的城市——墨爾本，Steve 順便教我該怎麼點咖啡。

　　在這趟兩日遊中，不同於上次相處時間短暫，我們一整天 24 小時都在一起，因此能夠悠閒、深入的聊彼此的價值觀、家庭背景。Steve 稱讚我思考成熟，很佩服我能在現在的年紀，就懂得先思考再做決定。他感嘆自己若也能如此，便不會年輕時就早早成家，而是留多一點時間給自己。

　　能夠得到 Steve 的肯定真的感到很高興，因為我經常希望自己能更勇敢一點。我常常想，如果我能夠像個年輕人一樣更熱血，是不是能夠更勇敢的嘗試更多新鮮事？

　　Steve 送我回 Melanie 的家，這次的擁抱再見，是真的說再見。等 Steve 來臺灣出差時，希望能夠再次相見。

1 有著悠閒氣息的餐館
2 好吃的杜魚

離開西澳，往東去

回到 Melanie 家時，家裡沒有人，我就先稍作休息，隨後借用宿主家的洗衣機，清理還卡在褲子口袋裡的沙子。旅行期間，多數沙發衝浪的宿主都願意借旅客用洗衣機，但因為我的換洗衣物少，基本上需要天天清洗，如果為了那麼幾件就用洗衣機也挺不好意思的。所以除非是宿主洗衣時，順便一起丟進去洗，否則平時都是洗澡的時候，把身體當搓衣板順便洗一洗。

算一算時間，再過不到 12 小時，就要搭凌晨的飛機去墨爾本；最後一天待在西澳，還沒離開，我就已經開始想念這裡了。我將午後剩下的時間，在住家附近散散步，享受伯斯空氣裡的悠閒。

西澳總是萬里無雲，陽光明媚，步調輕鬆。城鎮距離海邊很近，每個沙灘都清澈見底，尤其喜歡海與戶外活動的朋友，非常推薦來這裡一遊。不過也因為靠海，風勢強，尤其晚上溫度較低，怕冷的旅客至少要帶一件秋季外套。這裡的空氣非常乾淨，來到澳洲後，過敏問題都不見了，不過也很乾燥，剛來到這裡時，我的皮膚因為太過乾燥而大量脫皮，呈現死灰色，所以乳液要記得準備好。在伯斯遇到的人們也都很友善，我和路人搭話從沒失敗過，如果英文夠好，可以要求自己活潑一點，主動開口問問題。就算只是問些「你常常來這裡嗎？」的簡單問題，也會得到有趣的回應。

在 Melanie 家附近，一棟裝飾很可愛的小魔女房子

賞鳥步道

距離搭機時間越近，越捨不得離開這裡；與此同時，心裡也擔心在墨爾本的未知旅途，因為接下來近乎兩個月的住宿地點還沒安排好。下午四點後，大夥兒相繼工作結束回家，因為以後很難再見面，我趕緊抓住他們拍照留念。Jammy 做料理分我吃，Luke則送我一瓶啤酒當餞別禮，我們一起乾杯飲盡，我替他將名字翻譯成中文，他保留著那張小便條，覺得中文字很帥氣。

Gabriel 今晚也要搭飛機去墨爾本，我們的班機只相差 1 小時，因此 Nicolas 順便載我一起去機場，這大大減少我所需花費的交通時間，若我搭大眾交通工具，得花一個半小時才能到達，開車只需要半小時。最後，和 Melanie 一起懶散的躺在沙發上，聊聊之後的旅行計畫，正巧有個人留「Last-minute」的住宿詢問。所謂的「Last-minute」是指住宿前 24-48 小時，如果還是找不到住處，可以在所在城市的 Last-minute 社團裡尋找接受臨時住宿的宿主。詢問 Melanie 的人雖然有在檔案上放照片，但看起來實在怪怪的，詢問信也沒什麼誠意，所以我和 Melanie 一致覺得還是拒絕比較保險。

在伯斯所有沙發衝浪的經驗都非常棒，出發前對沙發衝浪所有的疑慮早就變成期待。Melanie 是個很容易相處的女孩，在一堆室友中，和所有人都相處得很愉快，甜美的笑容也讓從世界各地而來的旅客能馬上放鬆，非常好相處。雖然明天一大早有工作，但 Melanie 晚上還是在門口替我們送行，與我和 Gabriel 擁抱說再見。能夠在最後一站能認識 Melanie 這麼熱心助人的善良女孩很幸運，為西澳遊畫下完美句點。

站在機場時，心裡既期待又捨不得。我會很想念西澳這悠閒的自然氣息，以及每個熱情招待我的宿主。由於我已經使用網路報到，所以直接前往安檢處。凌晨一點，搭乘Jetstar 班機離開西澳，在墨爾本當地時間早上 7 點 30 分，抵達圖拉瑪琳機場。

Steve 分享沙發衝浪經驗

　　初次加入沙發衝浪是 2015 年的 1 月，我想要在出差時，一邊享受當地文化。一般我會住在飯店，閒暇時四處走走到附近酒吧。這聽起來好像很棒，但這樣無法了解當地，一個人也很無趣。

　　我第一次體驗沙發衝浪是在臺灣，當時還不太了解沙發衝浪，只是試著寫詢問信。網站個人檔案還沒有任何評價，所以我放上公司連結，讓人可以了解我的背景，增加初期使用時的個人信用。很幸運的，有一位女士接受我的請求，她帶我去夜市品嘗許多從未見過的食物，包括當地最有名的臭豆腐。我可以很明白地說，如果沒有這位當地宿主，我不會有機會品嘗這些美食。這位宿主是個老師，她邀請我去她的英文班演講，說說自己在澳洲的生活。我愛死這個難得的經驗，班上那些年輕朋友的熱情足以推動一個城市，第一次沙發衝浪體驗在我腦中留下永遠的記憶。諷刺的是，雖然很愛這份體驗，但這是我最後一次當沙發衝浪的「旅客」，因為我還是比較喜歡住在酒店，所以回到澳洲時，我變為招待旅客的宿主，我住在距離伯斯 3 小時車程的熱門旅遊區，經常接送遊客們來往伯斯。

　　使用沙發衝浪的兩年期間，我招待過大約 30 位男生、女生、情侶、朋友……這些旅客來自世界各地，包括芬蘭、法國、英國、德國、臺灣、中國、日本、韓國、越南、波蘭。我非常享受招待沙發衝浪的旅客，帶他們欣賞城市的重要景點、吃好吃的食物、了解這座城市。我最喜歡在海邊草皮烤肉，帶些新鮮的肉及沙拉，還有幾罐冰啤酒，欣賞令人難以忘懷的美麗夕陽，這是非常道地的活動。我也會帶很多旅客去著名景點尖峰石陣，還會額外去 Lancelin 的沙丘。這浩瀚的沙丘會令你想起沙哈拉沙漠，但最好玩的是租滑板滑沙，看看會平安的滑下去，或是從滑板飛出去，全身被沙丘底的沙子覆蓋。

　　2017 年末，我需要在世界各地出差，所以決定招待旅客到我下榻的飯店。我不確定有沒有人在沙發衝浪這樣做，但我覺得挺不錯的，因為這樣既有人陪伴，又能住在習慣的飯店。我知道這可能會讓使用沙發衝浪的旅客有所警惕，因為他們通常待在背包旅館或睡沙發，住飯店會是很不一樣的體驗。最近我和兩個祕魯旅客一起在米蘭的機場酒店，早上一起去自助餐廳用早餐。他們在沙發衝浪網站的評論裡寫道「我們的宿主做了一頓非常棒的早餐。」哈哈！我想這可以表達，在沙發衝浪中，任何人都可以尋找到自己想要的任何東西。

　　最初招待旅客是為了增加評價，以後才有機會借住人家家，但後來已經不需要了，現在我只是單純地享受經驗，自豪地介紹我所居住的城市。我也很喜歡新的友情，當有機會到招待過的旅客的國家時，他們都很願意再與我見面，換他們帶我體驗當地生活。

Steve

Unforgettable

Steve 總會主動幫旅客照相，並取最佳背景

尖峰石陣旁的觀景台，可以同時眺望沙漠與綠景

3

沙發衝浪日記
維多利亞州
48 天（1/9 — 2/27）

[旺加拉塔 Wangaratta]
鹿農場打工換宿！

住宿日期
1/10
~
1/24
共 14 晚

　　凌晨一點從伯斯起飛，早上七點半到達墨爾本圖拉瑪琳機場。看似飛行時間很久，但那是因為有時差及夏令時間，事實上飛行時間是三個半小時。下飛機時，尚未調整的手錶指針指著凌晨四點半，對身體來說此時仍是睡覺時間，所以身體非常沉重。出了機場也不知道要往哪走，腦內又開始出現負面想法，想念西澳，質問自己為何要來這裡。

　　我的目的地並不是墨爾本市中心，所以並沒有要搭乘機場出口的接駁車 Skybus。找到機場公車站後，沒想到公車已經不再賣紙本車票，一定要有 MIKI Card（類似悠遊卡），還好好心的司機還是讓我上車。

　　來到東南方的維多利亞州，第一站是離墨爾本三小時火車程的郊區——旺加拉塔，那裡已經超過 MIKI Card 可使用範圍，所以還需買紙本火車票。本來想在火車上補眠，結果車站人員告訴我，現在時間八點半，下一班前往旺加拉塔的火車是四小時後，這段時間我得自己找地方消磨。此刻的我身心疲憊，頓時非常想念班次頻繁的臺灣火車，大多數店家都還沒開始營業，我只得慢騰騰的四處尋找可以休息的地方。最後決定等火車站對面的圖書館開門，找個角落的沙發，把背包塞在櫃子和沙發間的小空隙，拿起一本書蓋在身上，假裝是看書看到睡著，接著一頭栽進夢鄉。

　　快到乘車時間，幸好我一向習慣提早到搭車處，因為差點找不到月臺。往郊區的月臺就在一般馬路旁，沒有任何標示，旁邊還有雜草，看起來像臨時搭起的鐵皮遮雨棚。找月臺的路上，順便幫剛從英國旅行回來的老夫婦提行李，老太太知道我是外地人，等待火車期間，熱心地和我聊天，並幫我尋找車廂。

　　當我終於到達旺加拉塔，準備聯繫宿主時，一位銀灰髮的婦人主動叫住我，問我名字，這位是來接我的農場主人。

公共圖書館，補眠的好去處

1 | **1** 旺加拉塔火車站
2 | **2** 火車內部

住處被取消

　　早在出發前往澳洲前，我就和墨爾本第一位住處的宿主接洽好了。但意外總是會發生，住宿前一星期，宿主告訴我他要搬家，無法接待我。雖然有些無奈，但對方也已經致上最真誠的歉意，並表示若有困難仍會盡力幫忙。

　　於是接下來的一星期，雖然努力尋找新宿主，但因為時間太緊湊，詢問結果不是已有客人，就是宿主有事而被拒絕。被連續拒絕到有點氣餒，旅館資料已經拿出來準備好隨時下訂，但為了努力完成「零旅館」的目標，我決定嘗試另一種方法——打工換宿！

//INFO//

打工換宿

若沙發衝浪無法找到住處，可以試試體驗打工換宿，也就是用勞動換取免費住宿，不少宿主都會提供三餐，能省下不少生活費。

以下比較兩個常用打工換宿網站：

	Workaway	Helpx
介紹	每週工作 20-25 小時，每天約 4-5 小時，換取三餐及食宿。（詳細內容依宿主要求調整）	
費用	會費 $34USD。	可免費註冊。欲知宿主聯絡資訊，需付€ 20 成為進階會員。
優點	網站簡潔，操作較方便。 篩選功能較詳細，可迅速了解宿主動態。	會員數較多。
缺點	會員數較少。	無手機版。 篩選功能較籠統，需一篇篇自己過濾。
網址	workawayblog.com	elpx.net/index.asp

　　我選擇註冊 Workaway 網站，因為一直滿想試試在農場生活的感覺，於是找到一處評價不錯，正在新建中的鹿農場。這個農場是一對老夫婦 Daryl 和 Elvie 在經營，他們有六個孩子，年齡最大和最小的孩子正好差 12 歲，目前孩子們都已經出去自己住了。農場老先生 Daryl 從年輕時就一直夢想擁有農場，所以他們把原本的房子和經營的餐飲店都賣了，買了現在這塊 126 公畝的牧場。

房子外觀

除了養鹿外，農場還有養雞、一隻駱駝、山羊、三條狗及兩隻鳥。農場目前還沒開始賺錢，各種牧場設施和鹿的養殖都還在建設中，所以很需要人手幫忙。

　　Daryl 和 Elvie 很照顧我，一直強調希望我能把這裡當自己家。看著他們勤奮的身影，覺得非常佩服，忍不住檢討自己的懶散。住在這裡最大的煩惱，是我經常聽不懂 Daryl 説的話，他有濃厚的鄉下口音，説話速度也很快。雖然他會重複解釋給我聽，但他在解釋時，口音、速度仍舊，所以還是聽不懂呀！而 Daryl 也聽不懂我的回答，所以 Elvie 總是要替我們翻譯，形成一種明明都在講英文，卻需要用英文翻譯英文的奇妙的狀況。

1	2
3	4	5
6	7	8

1 很有鄉村風格的廚房，冬天開火爐可以溫暖整個家
2 六角形的客廳非常寬敞，外頭可看見鹿在吃草
3 我的房間，附設衛浴
4 鹿造型的郵箱
5 鹿造型的大門
6 駱駝是寵物
7 駱駝的好朋友，小山羊
8 家中的鸚鵡 Poly

工作的地點

打工換宿—圍籬修繕

　　我在農場申請待兩個星期，一般打工換宿都會在一個地點停留一星期以上，有些人甚至會停留超過一個月。選擇住兩星期，除了想趁機深入體驗農場生活外，也是為了休息、並規劃接下來的墨爾本旅行，因為此時此刻，我只聯繫上一家宿主，除此之外的規劃仍一片空白。

　　住農場期間，一星期總共工作 20 小時，每天 4 小時，工作五天，時間可彈性調整，包三餐和住宿。三餐大多是由 Elvie 做，平時我也可以自己取用廚房裡的食物。我的工作是修繕圍籬，先使用打磨工具，將圍籬旁的鐵製部分（照片中木條旁綠色部分）給打磨平滑，接著再漆上綠色油漆。這個工作不難，但很考驗力氣。打磨工具雖不至於重到拿不起來，但當刀片高速轉動時，除了工具本身會震動外，還須用力握緊抵抗刀片與鐵柱磨合時的反作用力，且由於圍籬很高，我經常需要舉高它來打磨上方部分。為了安全，只要手臂肌肉一撐不住，我便會立刻停止，導致我的工作效率極低。另一個影響我效率的是搬梯子，梯子很重，需要用肩膀扛。要在不平坦的土地中搬運，並將它調整到平穩且適當的位置，經常要耗費我幾分鐘的時間，偏偏又需要一直移動換位置。

　　Daryl 聘來農場工作的工人，在我休息時，主動要幫忙打磨剩餘的部分。我一開始拒絕，畢竟他是領薪水的，做的工作又比我困難好幾倍，不應該勞煩人家。但是他很堅持，認為這本來就不應該是我做的工作，所以最後請他幫忙打磨柱子上方。我需要 15 分鐘才能完成的工作，他 3 分鐘就完成了，真的非常感謝他。最後幾天，Daryl 也發現我很有困難，所以乾脆幫我打磨，我只剩上漆的工作，感覺非常抱歉，但也無法硬逞強。

　　Daryl 告訴我，曾經有兩個德國男孩也來這裡打工換宿，Daryl 工作多久，他們就幫忙多久，三人也非常聊得來。我無法推測 Daryl 告訴我的用意何何在，但這使我內心感到十分愧疚。雖然力氣的差距不是我能控制的，但仍無可避免將自己與那兩位男孩比較，覺得自己幾乎像在這裡白吃白住。

1	
2	

1 工作中，衣服是 Elvie 借我的舊衣服
2 我需要的工具

飼料餵食

　　一天晚餐後，Daryl 帶我進農場餵鹿吃飼料。Daryl 先將飼料搬上卡車，再開車進柵欄。鹿群們認識 Daryl，平時只要他進來，就會認為有食物而主動靠近，但當我在旁邊時，鹿群們就會遠離。卡車一進到圍欄內，鹿群便立刻追在卡車後面跑，猶如萬馬奔騰，十分壯觀有趣。由於鹿群們不認識我，我不能自己主動去接近牠們，所以坐在卡車後車廂，拍照欣賞，看牠們擠著搶飼料的模樣。

　　我也會和 Elvie 去餵駱駝、山羊及梅花鹿，牠們幾個是好朋友，常常跑在一起。這幾隻和其他鹿群關在不同地方，牠們是「寵物」而不是「商品」。作為寵物養的牠們非常不怕人，認為人的出現就是食物的到來。小山羊曾經咬著我的衣服咀嚼，怎麼拉都不肯放開，我怕太大力拉扯會傷了牠，但山羊頭上的尖角一直朝著我刺過來，讓我進退兩難。

1	2
3	4

1 鹿群
2 跟著卡車跑，等待飼料的鹿群
3 餵食中
4 一起愉快的分著吃飼料

城鎮遊覽

　　我所住的農場在非常偏遠的郊區，放眼望去除了農場還是只有農場，公車站牌在開車才能到的小鎮，沒有代步工具的我，幾乎只能在自家農場繞繞。到底有多偏遠？Elvie 曾開了約一小時的車程，帶我去墨累河，一望無際的寬闊河水波光粼粼，非常漂亮。一座大橋橫跨其之上，橋的對面是新南威爾斯州，我們所住之處已是維多利亞州的邊界了。在這裡，沒有代步工具的話幾乎是寸步難行，所以當 Daryl 他們出門時，通常會帶我一起去。我曾經和 Daryl 一起去材料店補充農場所需工具、和 Elvie 一起去逛超市、探訪獨居老人。

　　有次一起去第三個兒子 Phil 家慶生，這和之前去宿主家參與的聖誕晚餐不同，他們聊著家事，我完全無法參與，只能尷尬地杵在一旁。還好後來其他人在客廳聊工作，剩 Phil 的女朋友 Jess 在廚房準備晚餐，我趕緊抓緊機會聊天，才了解大家的聊天內容，同時也很高興能有機會認識 Jess，她是因受傷而退役的軍人，她看我很好奇，特地拿軍服給我看。

　　有一天 Elvie 要到鎮中心辦事，便順路帶我遊覽旺加拉塔。她開車帶我去看 Daryl 工作的地方，由於農場短期間內不會有進帳，因此 Daryl 平時在監獄當獄卒。

1 　**1** 鹿造型生日蛋糕，非常甜
2 　**2** Daryl 工作的監獄

接著我們到醫院安養中心去接 Daryl 的母親，帶我遊覽的同時也能讓老奶奶吹吹風。老人安養問題無國界，Daryl 的兄弟姊妹中，只有 Daryl 在照顧奶奶，Elvie 和奶奶互動時的疲憊，能看出照顧者疲勞的問題。

說實話，旺加拉塔真的沒什麼景點，四周所見就是最純粹的當地生活氣息。但 Elvie 是個很棒的導遊，非常熱情的介紹他們以前居住的城鎮，以前的家、轉手的店面，並帶我一起去拜訪老朋友。沿途路線都規劃好，每到一處，便分享她的回憶故事給我聽，讓這段城鎮遊覽魅力十足。回程時順路繞去觀光小鎮 Beechworth，這裡算是唯一有觀光氛圍的地方。以前有很多人來掏金，鎮上有許多金飾店，不過店內看起來太高級，我又不消費，就不好意思進去亂悠轉，只在門口徘徊。

在農場居住的這段期間，非常充分體驗在大自然中生活的感覺，每天都能呼吸新鮮的空氣，經常有沒見過的鳥兒在庭院休息。不用走出家門，就能看見平時只能在動物園見到的動物，完全不同於城市的生活型態。同時我也認識到，目前的自己並不適合這種日出而作，日落而息、遠離城鎮的鄉村生活。住在這裡的最後幾天，越來越盼望能再次回到繁華的都市，步行於人群中的生活。但此段期間也算是心境轉折點，因為已經旅行一個多月，心態上其實已經有些疲憊，在這裡短暫休息後，終於又重新燃起想要探險的心情。

雖然對農場沒有太多眷戀，但特別捨不得 Elvie，她每天都會和女兒們通電話，是個溫柔的好母親，我也從她身上得到許多關心。Daryl 比較喜歡聊氣候變遷等嚴肅話題，相處時比較拘謹，所以和 Elvie 談話就會感到特別放鬆。她從沒聽過沙發衝浪，聽我描述時，覺得住陌生人家非常危險，因此離別時，再三叮嚀我要小心，有問題隨時聯絡。

1 房子後院
2 戰爭紀念碑

1	
2	3
4	

1 聖靈大教堂
2 公園
3 通過此橋，對面
　是新南威爾斯州
4 Beechworth 郵局

Unforgettable

Elvie 剛拎著裝有飼料的桶子出現，就被動物們包圍。

在農場打工最喜歡的時間，莫過於與動物們相處的時刻。

[埃爾伍德 Elwood]
裸體宿主四處走！

住宿日期
1/24
～
1/29
共 5 晚

　　墨爾本不愧是人口排名第二大城市，從人煙稀少的旺加拉塔搭火車來到繁華的墨爾本南十字星火車站，瞬間感到眼花撩亂。光是跌跌撞撞地尋找購買 MIKI Card 的窗口，就花了不少時間，接著還要再尋找去宿主家的火車。因為還不熟悉站名及班次告示牌顯示方式，湊巧又遇到下班尖峰時段，班次顯示不停轉換，我來來回回確認多次才終於搭上車。

　　終於找到宿主家時，新宿主 Dale 已經準備好晚餐等著我。他是位單身中年男性，也許是因為左耳天生聽力輕度缺損，Dale 說話發音有點特別。我本來有點緊張，怕會出現溝通困難，但其實只要認真聽，並不會有太大障礙。Dale 十分健談，相處起來非常輕鬆，我們從沒因沒話題而感到尷尬過，有任何問題他都很樂意幫忙。Dale 年輕時曾參加救生隊，通常會在早上出去晨泳，等我醒來時，他已經運動回來了。我們會一起吃早餐，聊聊今天的行程。不論我何時回家，Dale 每天都會準備兩份晚餐等著我。為了讓我生活舒適，沒有頭髮的他，想盡辦法尋找已經塵封許久，不知收到哪去的吹風機。

1
2

1 客廳
2 我們經常坐在廚房小吧檯聊天

之前只申請在農場住兩星期還有個理由，就是我想參加墨爾本的澳洲日活動。為了這個一年一度的大節日，我本來決定打破「零旅館」的堅持，幸運的是之前聯絡過的一位宿主 Dale，他本來因故取消我的住宿請求，但我們一直有用 Line 聯繫。知道我無處可住後，便表示家裡還有空房可以讓我住，但因為最近天氣很熱，他在家有裸體的習慣，因此他再三反覆強調、並確定我不會介意，才正式同意讓我住他家。其實宿主越是謹慎，反而讓人更放心。住在 Dale 家第二天，一回家就看見沒穿衣服的 Dale，雖然第一瞬間確實嚇了一跳，但也馬上恢復平靜，繼續開心聊著當天的趣事。不管 Dale 有沒有穿衣服，我們都能自在的並排坐在後院，邊吃點心邊聊天。

　　其實用沙發衝浪尋找宿主時，不只一個宿主提到自己在家有裸體的習慣，不能接受者請勿來信。其實只要宿主不要求旅客也要一樣，我認為這點並無傷大雅，住別人家就要能夠尊重主人的生活習慣。

每天回家必經的河道，走著、走著心情不知不覺美好起來

1　住家大門
2　我的房間，有很多枕頭和毛巾可以用
3　因蓋了右邊的鐵皮倉庫，所以後院稍顯狹小
4　Dale 家後院特別的裝飾品，來自馬來西亞的旅客贈送的

1	
2	4
3	

墨爾本遊客中心

　　來到新城鎮，不論事前是否有自己做功課，建議都可以先到遊客中心逛一圈，拿份城市的地圖及當下最新活動簡章。墨爾本遊客中心在費蓮達火車站正對面，聯邦廣場靠近十字路口的玻璃建築。遊客中心在建築的地下樓，櫃檯是許多志工爺爺奶奶在幫忙，他們都非常和善可愛，有再困難的問題，也會找旁邊其他志工一起合力找解答，可以請他們直接在地圖上圈出推薦景點。我在國慶日當天能順利找到各個活動景點，也是多虧志工爺爺仔細地替我標上活動地點與時間，活動參展路線都替我規劃好，告訴我哪邊值得一遊。除了遊客中心本站外，在中央商業區街角也經常可以看見穿著紅色遊客中心制服的志工身影，街頭上也有小型服務站。

1	2
3	4

1 遊客中心位在地下室
2 遊客中心內部
3 身穿紅色衣服的志工們
4 街頭上的服務站

澳大利亞日

▌part 1 遊行

　　1 月 26 日是澳洲的國慶日，城市掛滿國旗，這天會有一連串的慶祝活動。人們揮舞手中國旗、臉上也塗上國旗的圖案，全家大小一起參加各種國慶活動，好不熱鬧。

　　早上十點，我便找好面對旗桿的好位置，等待十點半的升旗典禮及遊行。升旗典禮前一開始，先由軍警踏著整齊的步伐入場，軍樂隊在後方演奏著令人振奮的曲子，緊接著升國旗，市長發表演說後，遊行正式開始。遊行先由警消人員帶頭出場，再來是各個邦交國會揮舞自己國家的旗幟，穿著民族服裝表演，展現澳洲的多元文化。途中會有一些特殊表演串場，例如卡通電影人物的角色扮演、化妝成鳥的人、踩著彈跳高蹺的袋鼠等，雖然沒有臺灣的旗幟出現很可惜，但看見舞龍舞獅等東方文化出現時，還是特別開心。整場遊行看下來，就屬我們亞洲國家的表演最熱鬧又吸睛。

1	2
3	

1 等待遊行時，有人在發國旗和防曬乳
2 鳥人騎著滑板車炒熱氣氛
3 開場由國軍樂隊演奏，軍警入場

1	2
3	
4	5

1 遊行開頭由警消率領開始
2 邦交國旗幟
3 五彩繽紛的各國民族服飾
4 一群拿著澳洲國旗的童子軍
5 穿著蘇格蘭裙，伴隨著振奮的風笛演奏

1 超華麗服飾，令人眼
睛一亮
2 跟著鼓聲整齊跳著
的舞龍舞獅
3 迪士尼及曼威等卡
通人物角色扮演
4 天氣很熱，扮演者也
許已經滿頭大汗了

▌part 2 總督府

　　國慶日是一年中唯一一天，總督府開放給民眾參觀的日子。這個活動很熱門，據說每年都大排長龍，很幸運我去的時候還沒很多人，很快就進去了。

　　總督府入口有安全檢查，需要把包包打開給安檢人員看，進去後有免費塗抹防曬乳的攤位。前院有許多表演者，有騎著復古腳踏車的長者、兩位美麗女孩的天鵝高蹺、小型國軍樂演奏及印度舞群的活力舞蹈等，讓總督府變得非常熱鬧。另外還有許多餐車販售點心，政府也貼心設置免費大型盛水區，國慶日當天天氣非常好，小狗也口渴，喝著從盛水區滴下來的水，可愛的模樣引起眾人的笑聲。

1		3
2		
4		5

1 入口處有長者
　 騎著復古腳踏
　 車表演
2 復古腳踏車
3 印度舞蹈
4 免費盛水區
5 踩高蹺的天鵝

正式進入總督府建築內需要再排一次隊，我很幸運只花約 10 分鐘就進入了。入內後，跟著導覽路線前進，內部是華麗的歐風裝潢，每個區域都有介紹牌，各個入口都派有軍人站崗。按著規劃的路線走，最後會進入舞廳，兩旁牆邊有沙發供人坐著休息，中間是兒童遊樂區及家具展示，我在這裡吹冷氣休息好一陣子才離開。出了建築後，我先沿著建築四周溜轉一圈，發現有一婦女協會在旁邊廣場舉行義賣，只要捐 2 澳幣，即可享用咖啡及甜點，但因為非常多人，所以我只看看便離開了。正式離開總督府前，我鼓起勇氣詢問站崗中的士兵可否一起照相，他們都非常樂意，因此我順利與海、陸、空三種士兵合影，收穫非常豐富！

1	2
3	4	5
6		

1 總督府內部
2 總督府的餐廳
3 總督府的舞廳
4 舞廳有設置沙發供遊客休息
5 有人在女王伊莉莎白二世的紀念碑上放了一隻粉紅豬，意外吸引許多人停下來看
5 總督府外草皮休息處

▌part 3 國王領域花園

　　在中央商業區與總督府中間有兩座大公園，分別是皇后公園及國王領域花園，許多遊客在這兩座公園野餐，剛才遊行的各國人，也聚在公園舉行第二場音樂狂歡派對。中午時，只要抬頭便可看見飛機花式的飛行秀，第一次如此近距離觀賞飛行秀，聽著引擎飛過的聲音，非常令人興奮。其實我本來很想到 21 聲禮炮及飛行秀出發點近距離欣賞，可惜因為早上的遊行延遲，我來不及趕到。

　　在國王領域花園有各種攤位活動，例如法輪大法的攤位在教人摺蓮花，練氣功，音樂廣場則有演唱會。其中澳洲汽車保險公司 RACV 的標誌幾乎占據整個花園，他們發放免費防曬產品、遮陽帽，可放在地上的背靠式紙製座椅，還設置了許多互動攤位，有投沙包、猜謎語、臉部彩繪等，大人小孩可以一同參與。另外還有大型復古車展，遊客可以近距離觸碰各種古董車，還有不少絕版老爺車。

　　在攤位區閒逛時，看見一位郵差老爺爺，拿著一枚已經停產的五角硬幣，要小朋友猜是哪一年製造的，猜中的小朋友可以得到一枚黃金紀念幣，十分有趣。

| 1 | 2 |
| | 3 |

1 郵差老爺爺和孩子們玩猜硬幣遊戲
2 許多人在玩西洋棋
3 隨處可見 RACV 的標誌

1		**1-2** 復古車展
2	3	**3** 木工製作展示
		4 自動交響樂團
4	5	**5** 音樂盒後方

電視台採訪

為了尋找是否還有沒發現的攤位，順便趁此機會仔細遊覽整個國王領域公園，我沿著公園另一側人煙稀少、靠近雅拉河那邊前進，意外來到女性紀念花園（Pioneer Women's Memorial Garden）。十字形水池盡頭有個被垂葉遮住的窟窿，裡頭有個女人雕像，神祕的氛圍好似有美人魚正在底下偷偷看著。

明明公園另一端無比熱鬧，這座花園卻靜謐悠閒，與世隔絕，非常適合在此休息，此刻也有人正舒適的躺著睡午覺。花園石子路兩端各有一個白色檯子，在我離開前，一個年輕男孩跑來，拿著可愛的馴鹿娃娃在拍影片，我很好奇他在做什麼，但因為不好意思搭話而作罷。直到現在，我都很後悔自己當時為何不臉皮厚一點上前詢問，旅行時真的不要害羞，一定要放膽結交新朋友。

| 1 | 2 |
| 3 | |

1 拿著馴鹿的男孩
2 微風涼爽，十分適
合午睡
3 對稱而壯觀的設計

part 4 濱海港區煙火

　　澳洲國慶日由煙火做最後結尾，煙火將沿著雅拉河畔的濱海港區（Docklands）施放，由於大多數的活動在晚上六點前就已經陸續結束，我便先到濱海港區看看有沒有新鮮事物，可惜繞了一大圈，只見人們大多和親朋好友一起聚餐喝酒，等待九點煙火施放。此時不免感受到一個人旅遊的孤單，夜晚氣溫逐漸轉涼，最後還下起滂沱大雨。濱海港區沒有遮雨處，我也沒帶傘，只能拉上外套的帽子，趕緊躲到商店屋簷下。早就知道墨爾本氣候多變，因此出發前，我特地選一件秋天厚度，可遮陽擋雨的方便外套，但終究不是防水材質，外套濕了一大半。

　　看著被大雨模糊的景色，我坐在公車站長椅思考下一步前進方向。此時 Dale 傳訊問要不要替我保留晚餐，內心突然覺得很開心，比起一個人等待轉眼消逝的煙火，何不多留下和 Dale 談話的回憶呢？於是立刻回傳訊息——「我在回家的路上囉！」，往家的方向飛奔回去。

1　公共藝術
2　停泊的遊艇

　　和 Dale 在一起，從來不會想到年齡的差距，我們成為好朋友。離開 Dale 家那天是個好天氣，我幫他一起曬被子，把握最後的相處時光，直到現在，我們還是時不時會用 Line 問候聊天。

|INFO|

維多利亞州—澳大利亞日官方網站
每年 1 月 26 日國慶相關活動都可在此查詢。
網址：australiaday.vic.gov.au

Unforgettable

每天最期待的就是回到家，Dale 總會準備好餐廳料理般的好吃晚餐，我們一起談天享用。Dale 喜歡在飯後拿出糖果點心，拍拍他的肚子叫我多吃點，否則他又得增加運動量了。

[馬瑞比儂市 Maribyrnong
成為家庭一份子！]

住宿日期
1/29
～
2/4
共6晚

要從墨爾本的東南方搭車到西北方的下個住處馬瑞比儂市，需要先搭火車到市中心，轉另一條火車路線，最後再換乘電車才會到達，全程需約兩小時。

下一個住處的房屋是由軍人宿舍改建，外觀相同的透天屋沿著一塊四方形草皮排列，背對馬路，獨自形成幽靜的小區。沿著住家門牌找，很容易就找到宿主的家，門口柵門並沒有上鎖，但基於禮貌，我並沒有直接進入，因為今早出發時，新宿主説家裡的小孩有午睡的習慣，所以我選擇用傳訊息告訴宿主説我到了。

我的房間是一樓含衛浴的可上鎖臥室，平時拿來放嬰兒車、腳踏車等雜物。晚上睡覺到我醒來期間，這間房就是我的私人房；但白天為了避免爬樓梯麻煩，會讓家裡的兩歲小孩在一樓廁所上廁所，訓練不包尿布。

1
2

1 一人獨享超大雙人床
2 中央草皮，房屋外牆的紅磚是當年宿舍保留下來的

PART
3 沙發衝浪日記—維多利亞州

一樓是我的活動空間

家庭成員們

在還沒出發來澳洲前，我便已經預訂來這裡住宿。我會選擇這裡有兩大原因：第一，這是個家庭，對於單獨旅行又使用沙發衝浪的我，在不了解對方的情況下，「女性宿主」和「家庭」是首選。另一個原因是這個家庭在檔案上明確標註，他們希望能和旅客好好認識，所以只接受待 3-7 天以上的旅客。這對我來說是求之不得，因為我也認為待越久越能融入當地，也減少找住處的麻煩。

家庭成員共三人，爸爸 Nathan、媽媽 Sarah，及兩歲男孩 Toby。家人感情非常好，生活十分規律有原則，家庭重心完全以 Toby 優先。夫妻間每天都會流水帳式分享一整天發生的瑣事；只要一方要出門，即便只是到隔壁雜貨店買東西，全家人會又親又抱說再見。

他們希望能夠親自照顧 Toby，所以兩人都做半職工作。一方工作時，另一方就留在家顧小孩。晚上八點半，對我們來說夜晚才剛開始，這對父母卻堅持每晚陪著 Toby 一起睡，因為他們認為這樣對小孩心靈發展比較好。住在這裡的期間，我深刻體會有小孩的父母有多忙。當我想分享故事時，他們得邊照顧 Toby，最後我也不好意思打擾他們。所以雖然在這裡住了一星期，但和宿主的交談並不比其他地方多。不過 Nathan 和 Sarah 還是很關心我，每天回家時會主動問我今天去了哪裡，有沒有什麼問題，非常感謝他們在照顧小孩的忙碌中，還願意認真接待旅客。在幾次聊天後，得知 Sarah 年輕時，曾經用打工換宿的方式玩西澳。當時她所認識的一對牧場夫婦至今仍有再連絡，關係非常好。她很喜歡這樣的感覺，所以她希望來住宿的旅客也能夠真心成為家庭一員。

家庭教育

　　Toby 很可愛，第一天對我還很陌生，只要我靠近，就會跑去找父母。第二天正式意識到我的存在，開始願意接近我，一大早敲著房門，用錯誤的發音喊著我的名字。

　　住在這裡的一星期，我不曾看過 Nathan 和 Sarah 發脾氣。他們會糾正 Toby，但從不會提高音量大吼。例如吃晚飯時，當 Toby 有想要的食物時會哭著尖叫，這時 Sarah 就會問他：「如果還想要吃，要說什麼？」，Toby 就會停止哭泣回答：「Mama, please.」。等 Sarah 夾菜給他後，又會問 Toby 該說什麼，Toby 會回答：「Thank you mama.」。享用晚飯途中，他們也會對做飯的人說「謝謝，很美味。」類似的對話在每天日常生活中重複著，不論 Toby 用多高分貝尖叫，當我都快忍不住想皺眉頭時，他們仍非常理性的等 Toby 冷靜下來，另我非常佩服。

幫忙做家事

　　為了讓 Toby 吃的健康，他們每天親自下廚，而且也希望旅客晚上能夠一起用餐聊天，否則若每天早出晚歸，彷彿只把這裡當免費旅館，因此我也固定會和他們一起享用晚餐。

　　寄宿於別人家，幫忙家務是理所當然。第一晚一起享用晚餐後，我主動幫忙收拾碗盤。由於 Toby 一直黏著 Sarah，Nathan 又出門了，所以從分裝剩飯到最後的洗碗整理廚房，都由我完成。原本是出於互相幫忙的心意，但第二天起卻變成我的固定工作。當我龜速的吃完晚飯時，他們已經把鍋碗瓢盆堆在水槽邊，對我說：「好了，廚房是你的了。」雖然很高興他們自然的讓我一起分擔家事，只是從「幫忙」變成「工作」，感覺變得好像打工換宿。除了洗碗外，其他家務事我也會參與並幫忙。到市場採購時，我就負責提籃子、幫忙看四處亂跑的 Toby，庭院需要整理時，就幫忙修剪門口的迷迭香、撿砍下來的樹枝，折短塞進垃圾桶。其實很多時候我也不是真的能幫上忙，但沙發衝浪的宿主想要的，其實也只是旅客的參與。

每天都有營養滿分的早餐和晚餐

料理分享

　　有一天的傍晚，陪 Toby 一起在屋外草皮散步回家後，Sarah 問我可不可以分享一頓家鄉料理。不擅長做飯的我，很擔心煮出來的味道不符合人家口味，但沙發衝浪的宗旨在於文化分享，平時他們做的料理偏向冷食，若能分享一道熱騰騰的亞洲料理也很有趣。於是接連幾天，我到亞洲市場尋找靈感，一度打算買已經調製好的醬料包，但他們平時招待給我的都是健康的自製食材，若用醬料包敷衍實在毫無誠意。好在幸運發現市場有賣藥膳包，一包 5 塊澳幣，可以做 4 人份量，便宜又簡單，還能分享藥材的功效。

　　負責晚餐那天，我早早就開始準備。Nathan 和 Sarah 沒熬過湯，他們數度經過廚房，看鍋子滾湯冒煙好幾小時，頻頻問我需不需要把火關起來。中藥包真是簡單又能

展現亞洲風味的好東西，熬好湯後，只要把想要的蔬菜和麵條加進去，就大功告成。我盛給每人滿滿一碗公，拿去賣絕對物超所值！Nathan 和 Sarah 看到時嚇一跳，大概從沒看過用碗公把食物堆成小山丘。我小心地觀察他們的反應，雖然他們說好吃，Nathan 連湯都喝光，但我忍不住猜想是不是客套話，因為平時他們總會邊吃邊聊天，今天卻異常安靜。最後他們向我道謝並解釋今晚之所以很安靜是「因為太好吃所以嘴巴來不及說話」。

墨爾本唐人街

Vinnies 二手店

　　喜愛書籍的我，想趁機買些便宜的原文二手書回臺灣，Sarah 便介紹我去一間叫 Vinnies 的二手店。這間二手書店是由聖文森特保羅協會所營運的二手店，店面遍布全澳洲，墨爾本就有 123 家店鋪。店裡販賣各種日常生活用品，從鍋碗瓢盆、書籍玩具、衣物首飾，到大型家具都有，只要有人捐，他們就賣。店內工作人員都是志工，營運所得將給予需要幫助的人們。除了大型家具外，其他商品平均價格在澳幣 1-5 元。商品品質優良，全都 9 成新以上。到百貨公司購物前，不妨先到 Vinnies 逛逛，可以挖到許多預料外的好東西，還能做公益呢！

/ INFO /

聖文森特保羅協會
可從下列網址右上角「Shops」
查詢店家位置及開店時間。
網址：vinnies.org.au

1	2
3	4

1 Vinnies 在墨爾本有需多分店
2 二手書區
3 大型家具
4 各種日常用品

維多利亞議會大廈

　　墨爾本有許多重要的歷史建築，喜愛歐式建築的旅客，一定要到「維多利亞議會大廈」一遊，參加免費導覽，了解澳洲議會進行的方式。原本我只是看到有漂亮的建築想拍照，當時正好開放新一批的導覽，馬上決定更改行程。進去前要經過兩道安全檢查，須將隨身包打開，確定沒有尖銳物品，也要過金屬特測儀。入內後，櫃檯小姐會詢問名字及國籍，接著給一張訪客貼紙貼在身上。正式導覽前，除了手機外，所有背包必須統一放在櫃子裡，不能帶入。議會大廈內金碧輝煌，牆壁鑲滿黃金，導覽小姐風趣的介紹，當年墨爾本就是靠著這些黃金和雪梨搶著當首都。中間大廳有一尊象徵和平的維多利亞女王雕像，但導覽小姐說，女王本人並不喜歡這尊雕像，這雕像本身也多災多難，曾二度斷過手臂，也有人曾撞到雕像尖角而受重傷。

│INFO│

維多利亞議會大廈
這棟維多利亞議會大廈，是在新首都坎培拉的國會大廈完工前，澳大利亞聯邦國會駐地。現今除了作為立法開會用途外，正式接待活動和一些展覽會也會在此舉行。只要沒有開會，平日都會開放給民眾參觀，還設有禮品店可以購買印有議會大廈標誌的紀念品。
網址：parliament.vic.gov.au
地址：Spring Street, East Melbourne Victoria 3002
免費導覽時間：週一至週五（含國定假日）9:30-11:30、13:00-16:00 每小時一場，每場 25 人

1	2

1 維多利亞議會大廈建築
2 門口第一道安檢

1	
3	2
4	5

1 櫃檯報到
2 維多利亞女王雕像
3 圖書館
4 眾議院會議廳
5 參議院會議廳

Unforgettable

馬瑞比儂市的這個住處是此次旅行唯一一次住在小家庭裡。為了照顧小孩，宿主無法和旅客一起出外觀光，但仍盡可能的協助我旅行上的問題，很佩服他們忙碌中仍熱衷於衝浪沙發來招待異國旅客。

科堡 Coburg
和男宿主分享同張床？！

　　到達科堡新住處時，新宿主 Amir 不在家，他把鑰匙藏在門口地墊，非常放心的讓未曾謀面的我自己上樓。房子是兩層樓的兩房一廳透天厝，一樓是車庫和一間雅房，主要生活空間都在二樓。當剛踏進屋時，民族花紋的地毯與房內特殊氣味立刻吸引我的注意，接著又發現擺在桌上的水煙，讓我覺得奇特，和目前為止住過的家，擺設很不一樣。我打開沙發衝浪網站仔細一看，這才發現原來新宿主是伊朗人！由於這次的住處找得有點急，只看了評價及住處環境就聯繫宿主，沒注意看宿主資訊。

　　這不是好行為，因為心急而忽略資訊，有可能會讓自己陷入危險，更多的是對宿主的不禮貌。如果來家裡借住的旅客，卻連放在網站上的公開資訊都不知道，是不是感覺很不舒服呢。

1		1 廚房
	2	2 水煙
3		3 客廳

無法安眠的夜晚

宿主 Amir 是位年近四十的男性，原本在伊朗做律師，後來移民到澳洲，目前經營一家小型保全公司。家裡現在還住著 Amir 的女性友人 Maryam，也是伊朗人，他們兩個在伊朗時便熟識，目前關係十分曖昧。我到訪時，Maryam 也才剛來澳洲一星期，拿著工作簽證待業中。Amir 將一樓原先提供給旅客的空房讓給 Maryam，後到的我就變成要和 Amir 共用臥室。

第一個晚上，原本我打算睡客廳，但 Amir 堅持要讓我過得舒適，要我別擔心，他會自己找地方睡，所以我就恭敬不如從命，到臥室睡覺。

但就在半夜，我被床鋪的晃動給震醒，Amir 也回到臥室睡覺！我面向牆壁繼續裝睡，但內心正在高分貝尖叫中，不曉得該怎麼辦。我總不能趕 Amir 出臥室，現在跑出去又顯得很沒禮貌，而在我思考各種可能性的同時，Amir 也只是單純的要睡覺，並無任何其他動作，於是我先繼續靜觀其變。Amir 很紳士，加上他現在正在追求 Maryam，也說過只喜歡同文化背景的女生，理智分析後認為沒有太大的安全問題，但感性上仍很掙扎，我實在一點也不想和初次見面的男生睡同張床，尤其 Amir 體型較壯，每當他一動，簡直像地震一樣，完全睡不著。所以清晨時，我靜悄悄地跑到客廳躺沙發休息，但因為沒有棉被，只能拿外套勉強蓋著，腳趾冷得睡不著。

臥室

我預定住五晚，接下來的三個晚上，Amir 要值夜班，因此我繼續使用臥室，早上 Amir 回來前起床，把房間讓給他。最後一晚則是 Amir 和 Maryam 一起在客廳打地舖，將房間讓給我。他們大概有感覺出我的尷尬，因此主動提議這麼做。我覺得很不好意思，自己像個不速之客，但也十分感激他們的體諒，最後一晚是我難得能好好入睡的一晚。

不一樣的文化

　　與 Amir 和 Maryam 相處時，他們毫不掩飾對自己祖國的失望，一直強調要「開放思想」，對自由的渴望十分熱切。我問未來是否有想回國生活，他們一致搖頭。

　　由於 Maryam 正在待業中，整天都在家，和她相處的時間很多。我很喜歡問她關於家鄉的風情，也請她教我用波斯語寫我的名字。Maryam 給我看介紹家鄉的影片，並告訴我去伊朗時最好要有認識的人陪伴，否則在不熟悉的情況下，獨自旅行很危險。

　　有天 Amir 在密閉的客廳吹水煙，並大方的問我要不要試試，我笑著婉拒。濃濃的二手菸讓我忍不住皺起眉頭，Maryam 笑道，我一定會被燻死在伊朗街頭。Maryam 信伊斯蘭教，但來到澳洲後，她不再戴頭巾，表示自己雖仍信奉阿拉，但有一套自己規則。在伊斯蘭她必須過著保守的生活，來到這裡後，不論衣著或言論觀點都可以自由表達，讓她覺得很自由。Maryam 和我相差十歲，我就像個小妹妹，她一直擔心我有沒有吃飽，錢夠不夠用，甚至還想給我些錢，我當然趕緊拒絕。Amir 雖然晚上上班、白天補眠，相處時間不多，但他一直叮嚀 Maryam 一定要讓我住的舒適，盡力滿足我的需求。

1
2

1 伊朗料理店
2 滿滿一大盤

　　放假時，Amir 帶我們到市區的伊朗料理店吃飯，我請 Amir 推薦。他替我點了羊肉與雞肉組合的套餐，當料理上桌時，如小山的飯量令我吃驚。Maryam 讓我試伊朗的鹹優格，喝了一口發現不喜歡，但是個很新鮮的嘗試。

墨爾本舊監獄

墨爾本舊監獄為一大旅遊推薦點，因為它不只能參觀監獄，還有囚犯體驗活動，非常值得一遊。舊監獄的入口有顯眼的招牌，上頭標示當日體驗活動及小劇場的表演時間。我在有些狹窄的購票處買完票後，以為監獄入口在外面，找著找著結果跑進隔壁墨爾本皇家理工大學。折返回去再問一次櫃檯，才發現入口竟然就在櫃檯旁邊，一塊不起眼的黑色布簾後方。因為光線陰暗，所以忽略掉了。

當我到達時，正好中午場的劇場表演即將開始，表演中不可以拍照或錄影。故事敘述一位劫富濟貧的民間英雄 Ned Kelly 的一生。演員的表情、聲音都栩栩如生，從 1 樓演到 2 樓，最後在絞刑台畫下句點。

監獄有三層，一樓監獄敘述死刑犯的生平與罪刑，二樓介紹劊子手，三樓則講述二戰時期，此監獄所扮演的角色。監獄內冰冷陰暗，只有微弱的黃燈。除了可一間間探索牢房外，公共區擺有多樣處刑用具及其介紹，供參觀的遊客親身體驗。

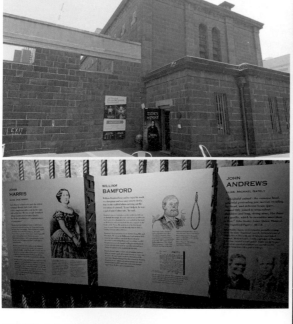

1		3
2		

1 監獄入口
2 過去的處刑人介紹
3 監獄內部

1	2	3
4		5
		6

1 絞刑繩子綁法展示
2 真實的絞刑場
3-4 模擬囚犯生活
5 處刑用具
6 犯人一天只有一小時可
出來活動，但囚犯不可
交談，必須戴上面罩

為了讓囚犯家屬能辨認死刑犯，他們會為死刑犯做臉部石膏。看著整齊陳列的石膏，忍不住想像這些人生前的樣貌。配合昏暗的燈光，看久了令人不自覺感到毛骨悚然。

　　體驗囚犯的地方是在隔壁的看守所，工作人員會穿警衛服裝扮成獄卒。他們會用命令式語氣，讓遊客體驗緊張感，不過還是會時不時開玩笑，與遊客拉近距離。一進去看守所，體驗活動就開始。因為要聽獄卒的命令，所以沒時間拿出手機拍照。獄卒會遞犯罪資料給遊客，讓遊客知道自己是為何入獄。理由都很有趣，例如做壞事逃跑跑太慢，被警察抓到。登記囚犯自白後，獄卒會先要遊客把包包放下，轉身面向牆壁，接著開始一指令一動作，舉手、抬腳假裝搜身，然後再依性別，把遊客分兩邊關進只有一個小窗的多人牢房，還會故意關燈營造情境。體驗活動到此便結束，雖然時間有點短，但很有趣。接著工作人員會帶遊客遊覽看守所，介紹這間看守所的歷史，講解各個牢房的用途。最後要出看守所前，遊客可以拿號碼牌，站在橫線背景前照入獄照。

INFO

墨爾本舊監獄
一般門票為 28 澳幣，含參觀舊監獄、看守所及囚犯體驗活動。晚上場有三種不同於白天的體驗活動，分別是「探索晚間看守所」、「與絞刑人一同遊覽舊監獄」及「真實鬼故事」。每項有固定的活動時間，門票約 40 澳幣，注意此門票不包含一般門票體驗內容。現場購票即可。
詳細探訪時間可至官方網站查詢：
oldmelbournegaol.com.au

1	
2	3

1 死刑犯臉部石膏
2 待審嫌犯平時活動場
3 待審嫌犯關押處

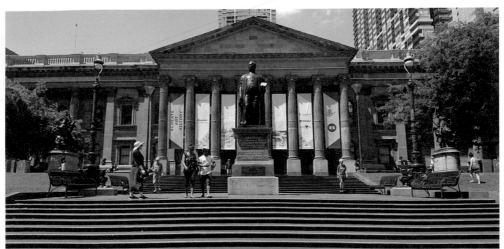

維多利亞圖書館
與小圖書館

參觀完墨爾本舊監獄後，時間尚早，沿著主幹道路往西走約莫3分鐘，便可到達維多利亞圖書館，這棟建築是墨爾本的一大地標。正門廣場上有沉沒的圖書館建築碎片，很有特色的裝置藝術。正面階梯中央及兩側共有三座銅像。銅像兩側有大型西洋棋，只要喜歡下棋，即使是陌生人也能來此愉快對弈。

1	
2	
3	4

1 圖書館正面
2 圖書館的建築碎片
3 大型西洋棋
4 圖書館入口

圖書館內很安靜，我靜悄悄的欣賞及拍照，由於這裡與皇家理工大學相近，學生經常來這裡報到。一樓公共電腦區早早滿座，圖書館二樓除了閱覽室外，還有長長的畫廊可以欣賞。其中，使維多利亞圖書館成為十大著名圖書館的原因，就是那八角形閱覽室。長條桌以中央八角形桌為中心，呈放射狀延伸排列，其中一排設為西洋棋桌，有許多人在那下棋。閱覽室外圍有五層樓，展覽各式古籍。有泛黃脆弱的古老書卷、也有需兩人才能拿起來的超大古籍。從樓上往下俯瞰閱覽室，也別有一番風味。

　　在維多利亞圖書館中的書香氣息包圍下，忍不住想跟著拿起書籍閱讀當文青。然而圖書館雖然可以自由進出，但沒有借書證就無法借閱書籍，此時有個推薦大家的好去處。

　　出了圖書館後，馬路正對面就是墨爾本中心。乘手扶梯上去往裡走約一百公尺，馬上就能在右手邊看到一間小圖書館（Little Library）。這間圖書館採信任制，書籍可任意借閱，但須自主歸還，或者帶自己不要的書做交換。這裡的藏書量雖然無法與大型圖書館相比，但有各種類型的小說，書籍保存狀況平均都很好。架上書本替換率也很快，有時昨天才來找書看不到想借閱的，今天再來卻發現架上出現一套近乎全新的套書。喜愛書的人，每天來挖寶都會有新的驚喜。

　　來墨爾本旅行時，不妨來此借一本書，空閒時可以看書打發時間。

1	2	**1** 一樓閱覽室
3		**2** 二樓閱覽室
		3 二樓畫廊

	2
1	**3**
	4

1 八角形閱覽室
2 西洋棋桌
3 古籍展覽
4 墨爾本中心小圖書館

[布萊頓 Brighton]
史上最善良宿主！

住宿日期
2/9
〜
2/15
共 6 晚

下一個住處位在非常方便地點，家的正對面就是火車站，而能夠來到這裡，真的是很奇妙的緣分。記得前面說過，來到維多利亞州的第一站，之所改去打工換宿，就是因為這次的新宿主 Rich 要搬家，而臨時取消我的住宿請求。這次，能再次與 Rich 聯繫上，完全是因為他的善良，擔心我孤立無援有危險。因為在離開 Amir 家前，我一直找不到住處，連續被許多沙發宿主拒絕住宿請求，而沙發衝浪網站如果沒花錢認證會員的話，有限制次數詢問「新」宿主。所以我決定發訊息給所有之前對話過的宿主，問他們有沒有空房，或是有認識的其他宿主。最後只有 Rich 有繼續聯繫我，他列了兩段不連續的日期給我，說這些時間有空房，有需要的話可以到他家，因此我才有機會來到這裡，見到這位原以為無緣見面的宿主。

Rich 利用公司午飯時間回來幫我開門，他住的公寓需要感應器才能開門。公寓並不大，兩房一廳，對一個自己住的單身男性來說非常足夠。我的房間在玄關旁，房內沒有窗戶，感覺更像儲物室，一關門就一片黑暗。裡面有一張標準單人床，床頭有個造型立燈，睡前點亮特別有氣氛。

在我去 Rich 家前，就已經有一位來打工度假的日本女孩 Shoko 住在這裡一個月了。Shoko 幾個月前就曾經透過沙發衝浪在 Rich 家住過一陣，兩人成為好朋友，這次她又來住，也是善良的 Rich 覺得，她當時住的環境不好，所以主動邀她來家裡。Riche 告訴我，他使用沙發衝浪接待旅客已經半年了。因為希望客人賓至如歸，只要家裡有人，心裡就一直有著「要做些什麼」的壓力，所以每次總是卯盡全力接待旅客。有時雖然不想答應旅客住宿請求，但又怕對方真的沒地方住，所以總是心軟答應，事後才又累又後悔。所以他接下來想先休息一陣子，我很幸運的成為短期內的最後一位旅客。

我與室友

Rich 原本擔心我和 Shoko 不知是否能融洽相處，但完全不是問題。Shoko 是位很活潑的女孩，我對日本文化也很有興趣，所以我們有聊不完的話題。我最喜歡問她少女漫畫中的浪漫橋段，是不是只是為了迎合讀者的幻想，沒想到全都是真的，且 Shoko 自身就有發生這些事，我們倆興奮地聊了一晚的戀愛話題。

我們的關係很不錯，除了一個共同的煩惱，談論此事時總會產生距離，那就是 Rich 人實在太好，好到讓我們不知道該怎麼辦。前段提及，Rich 住的是兩房一廳的公寓，然而此時卻有三個人住。Rich 把主臥室讓給先來的 Shoko，接著又把玄關旁的房間讓給我，自己在客廳睡露營用床墊，他還曾因必須和我共用洗手間而認真向我表示歉意。我和 Shoko 多次表示我們睡客廳就好，但 Rich 比我們更堅持。

漸漸 Shoko 開始反覆問我有沒有找到新住處，並強調她和 Rich 是「朋友」所以才住在這，言語中彷彿我是利用 Rich 的善心，不該來到這裡。我了解她是出於對 Rich 的關心，但有時還是忍不住想反問，既然有在打工，且財力足夠能大量消費並天天外食，為何住了一個月，卻從不試著找住處呢？不過我本身也不希望一直打擾 Rich，所以一找到下個宿主後，就盡早離開了。

Rich 很希望能和來家裡的旅客成為朋友，因此在我離開 Rich 家後，他經常傳訊息問我過得好不好？新宿主還好嗎？ Shoko 會比我早一步離開墨爾本，所以雖然我已經不住 Rich 家，但仍趁她離開前再次回去，三人一起到餐廳吃晚餐，做最後的離別相聚。

大洋路一日遊

　　Rich 是一位衝浪好手，當知道我是臺灣人時，他非常興奮的讚美臺灣東岸的海浪，希望有朝一日能沿著東海岸線來個衝浪之旅。而我一直想去墨爾本著名的大洋路（Great Ocean Road），只能報名一日遊或者自駕去。原本我因無法去而感到可惜，幸運的是 Rich 每週都會到大洋路衝浪，只要有時間，就會帶借住的旅客去走走，因此我才有機會欣賞這條聞名全球的海岸公路。

　　我們從布萊頓北上，經過西門大橋，再沿著海岸線往西南方走。大洋路是山路，Rich 貼心地慢慢開，告訴我若暈車要趕快告訴他，他會停下來休息。沿路每個海灘都有不同的名字，Rich 挑幾個他認為特別的海灘介紹給我，並告訴我哪邊適合衝浪，教我怎麼看海浪。我們在海邊散步時，也一邊尋找漂亮的貝殼，結果找到一件四角褲，我們非常好奇褲子的主人是如何回家的。

1	2
3	4

1 每個海邊都有許多玩耍的遊客
2 大洋路入口
3 尋找貝殼
4 沿途可以看到海邊有許多遊客

途中我們在 Lorne 小鎮吃午餐，Rich 替我點漢堡，漢堡的高度大約是手掌和手指加起來那麼高，必須要攤開來吃，嘴巴不可能一口塞進。假日來這裡玩水的遊客非常多，幾乎每間餐廳都客滿。吃飽喝足後，我們繼續前進，來到一座懸崖。Rich 帶我跨越圍欄，站在懸崖邊欣賞一望無際的大海。雖然很美，但其實滿危險的，Rich 一直覺得我快被吹倒，所以他說這將是他最後一次帶客人來這裡。

1　店家幾乎客滿
2　大大的漢堡與薑汁汽水
3　可愛的號碼牌
4　在懸崖上所見的景色

　　大洋路最著名的景點就是的「十二門徒岩」，岩石經海浪緩慢侵蝕，有些已倒塌。要開車到十二門徒岩那裡非常遠，因此我們只走了大洋路的一半便折返。我們重新回到最初第一個海岸，Rich去衝浪，我則沿著觀景步道走走，看見有兩個人準備要風箏衝浪，我在一旁好奇的觀看。兩人同時穿裝備，拉起風箏測風向。其中一位是經驗老手，自己一人完成所有前置準備，不用幾分鐘，就已經在大浪中來回好幾趟。好幾次我看他消失在遠方的海浪中，過不久又會隨著海風從海平線出現，非常厲害。

　　另一邊是兩個年輕人，新手通常需要有別人幫忙拿著風箏，和我們平時放風箏是一樣的道理。但是他們嘗試了至少4、5次，卻一直失敗，而隔壁老手已經來回衝了好幾趟，正斜躺在海灘上，一邊悠哉拉著風箏操控桿休息。那位年輕衝浪手到最後有點不耐煩，特地換放風箏的地點，但風箏就是升不上去。我在那裡看了20分鐘，直到最後還是沒能看到他們成功放好風箏。

1 　熟練操縱風箏的老手
2 　隨處可見遊玩水後，在車上休息的旅客

聖基爾達音樂會

　　聖基爾達是距離中央商業區六公里的墨爾本海濱遊樂園。每逢假日會有手工藝品市集，販賣種類眾多，例如手工製衣物、首飾、杯盤、造型盆栽作物。也有自製醬料、咖啡等。這裡的海景優美，很多遊客會來做日光浴，也是婚紗照熱門拍攝地。

1	2
3	4

1 一長排的手工藝品市集
2 店主編織圍巾中
3 專注的攝影師與幸福的新人
4 店鋪裝飾與商品融為一體

1 | **1** 手工飾品店
2 | **2** 琳瑯滿目的調味料

這次旅行幸運遇上舉辦於聖基爾達海岸的一年一度音樂節，Rich、Shoko 和我相約一起參加這場宴會。我們約好下午五點開車出發前往聖基爾達，路上車位都已停滿，我們只好把車停在距離海岸步行 15 分鐘遠的地方。到達時，街上早已人山人海，大部分都是年輕人。

　　海岸邊的 A 舞臺較大，旁邊有各式各樣的攤販及大型遊樂器。舞臺前已經坐滿觀眾，在遙遠後方的我們，完全看不見舞臺上的情況，於是我們決定前往 B 舞臺。B 舞臺設在主題樂園 Luna Park 隔壁的小公園。由於公園很小，因此須排隊入場，入場前須看身分證件，確定已成年，他們才會發可喝酒的手環，獲准進場。公園內只有一家商店，而且只賣酒，Rich 和 Shoko 非常興奮地去排隊，隊伍大排長龍，我們排了快二十分鐘才排到。Rich 和 Shoko 都是好酒之人，當我說臺灣這種戶外活動，不只有一間路邊攤，更不可能只專門賣酒，且多數人都喝手搖杯時，他們非常不敢置信，覺得沒有酒的活動不叫活動。

　　每個澳洲人來音樂節的第一件事就是買啤酒。我並不愛喝酒，但為了不破壞氣氛，所以有些心痛的花 10 澳幣，買了一瓶成分寫著薑汁的啤酒，心想這應該比較不苦，確實也甜甜的像汽水很好喝。我本來打算慢慢享受這 230 元臺幣的昂貴啤酒，但我們要出場買晚餐時，Rich 告訴我，雖然他不想逼我，但是不在場內把酒喝完，是會讓人感到很沒勁的事，所以我只好一口氣喝光剩餘的酒。我對啤酒品牌沒概念，一開始 Rich 看見我買 Johnnie Walker（約翰走路）的啤酒時，他笑了。原本我還不懂他在笑什麼，直到我喝完後，時不時出現暈眩感，Rich 才告訴我，我喝的是威士忌，酒精濃度是啤酒的三倍。

巡邏的警察

1	
2	3

1 Ａ 舞臺空間較大，早已坐滿聽眾
2 大家排隊等著買左邊鐵皮屋商店的啤酒
3 已成年可飲酒證明

市政廳

墨爾本市政廳和維多利亞圖書館是出自同一位建築師之手。市政廳位在中央商圈中心，從費蓮達火車站出來，往北走約三分鐘即可到達。雖然市政廳一般民眾平時不可無故進入，但有開放免費導覽，只要事前預約即可參觀，這麼好的機會我當然要去走走囉！

在進去前，會先核對身分，領取參觀證，接著要給保全檢查包包內容物，太大的包包需先寄放在置物櫃。我這批參觀團的導覽員是個和藹的老奶奶，她希望能盡可能讓我們滿載而歸，問我們介不介意參觀時間超過預定的一小時，我們當然不介意囉！由於參觀市政廳的時間也是一般上班日，所以不是每個房間都能參觀，但只要不是使用中的房間，奶奶一定帶我們進去繞一圈。原本因會議中而不能進入的大房間，在導覽快結束的時候，會議正巧也結束，奶奶趕緊帶著我們跑進去，讓我們多參觀一間是一間。

市政廳入口

最後我們到達市政廳裡非常有名的音樂廳，舞臺上有巨大管風琴，由八千多根支管組成。奶奶帶我們到後台去看管風琴的音管，狹窄的後台中，每層樓牆壁都有小窗戶可以看見裡面的音管，每個音管大小不一、長度不等，最高的音管要爬三層樓才能到達。奶奶關節不好，在下面等著我們，看著我們滿臉興奮的下樓來，也很開心。導覽總共一個半小時，能遇到這麼熱心的導覽員很幸運。

║INFO║

墨爾本市政廳參觀資訊

費用：免費

參觀時間：每次一小時。週一、週三至週五，早上 11 點場及下午 1 點各一場

注意事項：需攜帶護照做做身分證明，才可領取參觀證。

報名方式：可置櫃檯或電話報名 03-9658-9658

線上報名網址：comdigital.wufoo.com/forms/zc6ntjp10aavdd

	1
2	3
4	5
	6

1 參觀證
2 一樓等候區
3 莊嚴的會議廳
4 這只是音樂廳裡管風琴一小部分的音管
5 大廳掛著邦交國旗幟
6 雕刻精美的天花板

維多利亞國立美術館

　　來墨爾本旅行，絕對不能錯過維多利亞美術館。美術館位在維多利亞皇后公園對面，宏偉的長方體建築，兩旁有長長的噴水池，門口是玻璃水幕，手指可觸碰那傾瀉而下的涼水。還沒進去參觀，就已經十分令人期待。

　　美術館內部極大，展覽項目眾多，而且還是「免費入場」。如果願意仔細欣賞作品，可以在裡面待上整天都沒問題。除了固定的收藏品與畫作展覽外，不時還有限定特展。如果累了，可以在一樓休息大廳休息，挑高的天花板是五彩玻璃，邊休息也能邊欣賞藝術。若是餓了，一樓也有多間餐廳可用餐。休息廳旁有通往後園的入口，如果覺得館內冷氣太冷，可以先出來曬曬太陽。後園內有小迷宮，裡面有幾處休息處，還有幾尊雕像，可以像尋寶一樣找找看。

1	3
2	

1 美術館外觀
2 門口玻璃水幕
3 休息廳

除了靜態展覽外，也有許多體驗設施，讓遊客能融入藝術的世界。其中最令我印象深刻的，是一間四面都是鏡子小房間，燈光全暗，梵谷的《星夜》投射在地上旋轉，藉由鏡子讓星河宛如無止盡延伸，非常美麗。最有趣的則是一個用軟墊做的人造草皮，軟墊從平台延伸至牆壁，天花板則是鏡子。站著看還不覺得有什麼，但實際躺到軟墊，除了視覺外，還加上身體感受，眼睛睜開那瞬間，彷彿真的躺在草地般，一瞬間忘記自己身在何處。鏡中的遊客們也都看起來很開心，和大家一起躺著享受，心情不自覺愉快起來。有帶小孩的家長，不用擔心孩子在美術館會覺得乏味，館內有設置給大人小孩一起玩的七巧板及組合道具，可以一起玩創作。

2	**1** 藝廊的沉思者
1 3	**2** 美術館後園
4	**3** 入口大佛
	4 大型骷髏頭堆疊的現代藝術

	1	
2		3
4	5	6

1 工作人員會發兩張小花貼
　紙，可自己選喜歡的地方貼
2 古代家具
3 星空鏡子房
4 可躺在草皮上
5 鏡中樣貌
6 兒童遊樂區

Unforgettable

這天傍晚，我和 Rich 去接在聖基爾達打工下班的 Shoko，並一起坐在海邊等待夕陽落下。我們拿著相機互相拍照玩鬧，彷彿我們是熟識已久的朋友，橘紅的夕陽是我們友情的見證人。

南墨爾本 South Melbourne
宿主是埃及人！

住宿日期
2/15
~
2/26
共 11 晚

在墨爾本的最後一站，我希望能找方便去機場的地方，當然這是可遇不可求，所以最後能找到位在南墨爾本的住處，距離市中心及機場接駁車站都很近，真的很幸運。

第一次見到宿主 Zizo 時，很驚訝他擁有金色的眼睛，似乎不像澳洲人。Zizo 在沙發衝浪網站上的個人資料寫得不多，所以不太了解宿主的喜好，僅靠幾張照片及旅客評價，就決定試著寫邀請信。剛開始，我被 Zizo 那金色眼睛看著時覺得有點緊張，後來知道他是埃及人時，換我想盯著好好研究一番了。

Zizo 獨自住在三房一廳的公寓，接待我的期間沒有旅客，所以我獨享房內的上下舖及浴室。與外觀印象不同，Zizo 非常大方有趣，從大門鑰匙到廚房冰箱都任我用。Zizo 的年紀已經可以當我爺爺，是天主教徒，我們的文化背景也大不相同，很多事情的觀點不一樣；但 Zizo 能包容我的看法，我也對 Zizo 看事情的角度感到新鮮，所以我們反而能因這些不同而有更多話題。我們變成無話不談，甚至是能直言不諱的好友，Zizo 每星期都會固定去探訪他母親。知道我很好奇埃及世界，特地請他媽媽準備道地埃及料理，埃及的主食也是米飯，料理偏酸，吃完後會很想要來碗滷肉飯中和一下。

我是在場唯一吃葷的人，Zizo 媽媽特地為我煎肉，讓我很感動。這位媽媽非常有氣質，完全無法想像她大聲說話的樣子。飯後我們坐下聊天，她替我泡了一杯茶，告訴我她 19 歲和老公結婚生子後，是如何在埃及生活，最後輾轉移民來澳洲。

1	
2	4
3	

1 客廳擺了許多奇奇
怪怪的蒐集品
2 我的房間
3 Zizo 住的公寓
4 住宿第一晚，在南
墨爾本市場買的埃
及料理

Zizo 喜愛美食，他帶我去喜愛的墨爾本餐廳，推薦我各種好吃的料理。住宿期間，我們吃了埃及料理、義大利麵、日本料理、高級甜點、晨間輕食。每次他都主動結帳，讓我很不好意思，畢竟澳洲外食價位很高。Zizo 也很喜歡亞洲文化，他有很多不同線香，經常點著讓客廳飄滿線香味。有一次他推薦自己最愛的盒裝日本麻糬給我吃，我看了一下盒子，告訴他這是臺灣製，他非常震驚。

1	
2	3
4	

1 Zizo 帶我去高級甜點店
2 僅僅一小塊蛋糕，巧克力味道非常濃郁，不過也價位不斐
3 有天我們一起去天主教堂聽早晨聖歌，結束後來這裡吃早餐
4 豐盛的早餐

音樂會

　　我和 Zizo 都喜歡古典樂，比起流行音樂，古典樂更加無國界。晚飯後，我們不是一起看電視，而是分享喜歡的音樂，討論對曲子的感觸。有次 Zizo 提到他喜歡馬友友，我說是他臺灣人時，Zizo 又再次被震驚到了。

　　只要 Zizo 有空，他就會盡量陪旅客一起出遊，他以前常常會和旅客一起去夜店，也問我要不要去，但我既不喝酒也不跳舞，對那種地方沒太大興趣。有一天散步時，我提到希望有天能去聽管絃樂表演，Zizo 回家立刻查最近有沒有不錯的表演。當時時間正好是農曆新年，我們最後決定去墨爾本藝術中心，聽中國春節音樂會，一張票 40 澳幣，這是最後面最便宜的座位。

　　這場表演團隊為墨爾本交響樂團，並邀請中國小提琴家及二胡演奏家一起表演。中場休息時，小提琴家呂思清在櫃檯前辦小型專輯簽名會。全場表演約兩個半小時，包含三首安可曲，大飽耳福，覺得時間真是過得太快了！我們出藝術中心時已經晚上十點，Zizo 帶我去市中心的日式料理店吃消夜。好久沒有吃熱湯麵，覺得特別好吃。

1	2
3	4	5

1　聽眾大多是亞洲人
2　在藝術中心的 Hamer Hall 表演
3　我們在距離舞臺稍遠的後排
4　座無虛席
5　小提琴家的簽名會

1 牆上投影著移民者的故事
2 有點詭異的臉
3 約有三人高度的宇宙人

白色之夜

　　墨爾本一年一度的大活動 White Night 從晚上七點開始，直到隔天早上七點結束，墨爾本將在今晚變身為不夜城。活動範圍為從墨爾本博物館，從中央商圈延伸，直到維多利亞皇后公園。各處設有大型燈光裝置藝術，讓整個城市看起來五彩繽紛。活動區距離家裡很近，我和 Zizo 徒步走去。我們先到達維多利亞公園，看到許多小朋友開開心心的和 LED 燈所打造出來的造型燈拍照，而公園的另一角正表演著兒童話劇。我們慢慢往市中心走去，一旦越過雅拉河來到火車站，整個道路被人潮擠得水洩不通，我需要專心緊跟著 Zizo 才不會走散。雖然很想看看市中心的其他燈光藝術，但整個中央商業圈擠滿了人，根本只能被人潮擠著走，所以我們最終決定折返回去。

皇家展覽館─軍事展

　　皇家展覽館位在墨爾本市中心東北方，乘坐市區免費電車即可到達。皇家展覽館會不定期舉辦展覽，我原本的目的地是要去隔壁的墨爾本博物館，只是先順路繞過去看看這座華麗的建築，卻很幸運的遇見展覽館正在舉行軍事展，且可以免費入場。

　　展覽攤位依海、陸、空軍分開展覽，有多項體驗活動，可體驗模擬飛行、穿軍用裝備、拿槍枝，展覽館中央停有戰鬥機、戰車、橡皮艇等軍用交通工具，還可以坐上駕駛座親身感受。澳洲是募兵制的國家，所以其實展覽主要的目的也是為了招募新血。因此，四處都有軍人在一旁和校外教學的學生介紹武器使用方式，有任何問題都可以隨時提問，他們都很熱心解答。場內還有一隻拉不拉多軍犬，有一個大男孩似乎對成為動物士兵很有興趣，他問了許多如何成為此單位負責人的事情。

/INFO/

皇家展覽館
可上官網查詢展覽中活動，及門票等相關資訊。
網址：museumsvictoria.com.au/reb

皇家展覽館外觀

1	2
3	4
5	6
	7

1 模擬飛行
2 陸軍教官講解裝備
3 駕駛艙試坐體驗
4 戰鬥機也有試坐體驗
5 解說著坦克車的軍人
6 學生們熱情諮詢
7 戰車上有袋鼠標誌，很可愛

展覽館花園裡的大型噴水池

早上十點半和下午一點有軍樂隊表演，後方樂隊擊鼓，前方軍人則跟著節拍甩槍，整齊劃一、零失誤，非常厲害，視線完全捨不得放過任何一瞬間。表演結束後，大家都搶著和軍人們拍照。很難得有機會能親手觸碰軍事物品，非常很迷人，雖然展覽項目不算多，卻讓人捨不得離開。

最後依依不捨離開展場時，時間已經不夠逛博物館，所以我在附近散步拍照，仔細欣賞建築。皇家展覽館非常漂亮，是 19 世紀最後一個興建的展覽館，目前已列入世界文化遺產。展覽館旁的卡爾頓花園非常美麗，有精緻雕刻的噴水池，微涼的天氣正好適合在樹蔭下散步。

1

2　3

1 大家都想和軍人們合照
2 空軍軍犬
3 展覽館外花園很漂亮，是婚紗取景好去處

墨爾本博物館

　　墨爾本博物館是南半球最大博物館，有機會來到墨爾本，一定要進去看一看。館內除了一般展示外，還設有互動體驗區，例如使用虛擬裝置觀看恐龍生活環境、利用透視原理欺騙視覺感官的錯覺屋，還有讓遊客平躺，觀賞潛意識冒現世界（Please lie on a couch and enter the realm of sleep and dreams）。其中我最喜歡恐龍展，大型恐龍標本有兩層樓高，抬頭可見懸掛在天花板的翼手龍，彷彿正在飛翔般，非常有意思。隔壁昆蟲館也內容豐富，將蟲的一生用標本仔細排列，即使看不懂文字介紹也能一目了然。但一直盯著蟲蟲標本讓我渾身起雞皮疙瘩，看到色彩豔麗的超大蜘蛛時，實在很難不覺得噁心，所以昆蟲館是我唯一無法慢慢停留欣賞的地方。

　　墨爾本博物館是間綜合博物館，除了生物生態外，也有人文地理，介紹墨爾本歷史等，全部走完花了我三小時。如果想要更深入探索，可以在博物館待整天也沒問題。樓上也有兒童區，有帶孩童的家長可以讓小孩自由在此玩樂。有許多家長點一杯飲品，在一旁休息放鬆。

//INFO//

墨爾本博物館
開放時間：每日 10am-5pm，除聖誕節及黑色星期五
門票：成人 15 澳幣，孩童免費
不定期有特殊展覽，需另購票，詳情可參考官方網站
網站：museumsvictoria.com.au/melbournemuseum/whats-on/tickets

1
2

1 墨爾本博物館
2 博物館正門

1	
2	3
	4

1 樹林生態館內步道
2 恐龍館
3 翼龍類的標本懸吊在空中
4 史前文化館

	2
1	3
	4

1 礦石展
2 大腦神經訊息
  傳遞示意
3 潛意識體驗
4 700 多種動物

1 恰逢新春,特製舞龍舞獅
2 澳洲國徽
3 故事館裡的交通工具模型
4 故事館裡重現過去生活

街道與人群

　　長期旅行的最大好處，就是可以毫無壓力的放慢步調，細細品味城市風情及街角小巷的祕密。在墨爾本最後幾天，最想做的不是去著名觀光景點，而是漫步於街道，好好記住眼前的景象。街景是體現一個地方生活樣貌的最佳寫真，墨爾本中央商圈的街道上，可以看見穿正裝的上班族，踩著快速步伐經過，耳邊不時傳來各國語言，是來自世界各地的旅客。

　　有一次在聯邦廣場時，湊巧看見兩位新聞主播正在準備播報新聞，攝影機還沒開拍前，他們反覆練習手中的講稿。正想著在為何在此取景的理由時，發現馬路另一邊的聖保羅大教堂似乎有活動，門口擺著白色長桌，接待身著漆黑服裝的參加者。發現有活動的第一瞬間，差點就衝過去參一腳，但嚴肅的氛圍馬上讓我恢復理智，清一色的黑與白，感覺不對勁。我立刻上網一查，原來今天在聖保羅大教堂舉行國葬。

1	**1** 市區中經常可看見馬車行走
2	**2** 夢幻的馬車

1	2
3	4

1 造型很可愛的路邊攤，賣花生等小零食
2 街頭很有名的裝置藝術《三位買午餐的商人》
3 準備中的主播們
4 一群年輕人正在繪製街頭藝術中

聖保羅旁的雕像上有非常多鳥糞，每次經過都會看見有鳥舒服地停在雕像頭上

想逛墨而本街道,「皇家拱廊」和「街區拱廊」絕對要去一趟。這兩條拱廊位在中央商圈同一街區,中間只相隔一條小巷。兩條拱廊的設計不同,但都富有濃濃的歐風。擦得發亮的玻璃櫥窗可看見店內商品。這些精品雖然精緻吸引人,但價格昂貴,不推薦在此買紀念品,不過進來拍照留念非常不錯。另外,走在拱廊時,記得抬頭往上看,天花板的設計也非常美,漂亮時鐘旁邊有歐洲傳統造型的可愛的人偶,徐徐如生的站在柱子上。

1	2

1 皇家拱廊
2 皇家拱廊內一家擁有迷人魔法的商店

1	2
3	4

1 街區拱廊的時鐘
2 街區拱廊的正入口
3 街區拱廊，使用酒紅色做色調
4 街區拱廊裡販售紙製品的店家

最後一站

　　一開始住進 Zizo 家時，本來擔心會有因沒話題而感到尷尬，但現在真心覺得，能在最後認識 Zizo 真的太幸運了。因為他的熱情，讓我的澳洲旅行畫下比預期更好的完美的句點。

　　原先我只打算住最多五天或一星期，即使有空房，我仍不希望利用宿主的善心圖自己的方便，一直打擾人家。但 Zizo 主動提出讓我住到回國日，還反問我何必搬來搬去多麻煩，讓我有些受寵若驚，但也非常感謝。

　　終點站能定下來，讓我在打包寄回國行李上省去許多麻煩。Zizo 媽媽也在我離開前特地來看我，她溫柔的祝福我旅途愉快，讓我覺得很溫暖。搭機那天，Zizo 雖然要上班，還是特地載我去墨爾本圖拉瑪琳機場。路上塞車讓他無法準時進公司，但他一點也不介意。分別前叮囑我一定要小心，也告訴我，若是有一天想去埃及，可以隨時連絡他，他一定會排除萬難來當我的導遊。

來自 Zizo 的分享，作為宿主的故事

　　最初會加入沙發衝浪，要回溯到 2010 時，我從報紙上讀到關於這個網站是如何將需要住處的人，與願意提供住住的人連結起來。這點子聽起來很有趣，於是我註冊成為會員，但尚未提供空房，因為我當時正打算將空房租出去。

　　直到五年過後，我的室友離開，房間又空下來，正在想該怎麼利用這房間時，我突然想起沙發衝浪網站。所以我重新登入網站，將個人資料及相片重新整理上傳，並開放接受旅客。不到一小時，我收到第一封詢問信，一位比利時女孩告訴我她希望能待一星期。當時我心想：「一星期好長……如果我們處不來怎麼辦……」但我還是點了接受，交換聯絡資料。當一位可愛的小姐出現時，我感到很驚喜，我們很快就熱絡起來。她在澳洲其他地方工作，我家是她那次旅行的最後一站。我們一起探索墨爾本、享用晚餐，一起做料理，度過很棒的一星期。

　　招待沙發衝浪旅客，讓我學到飯店清潔員的新知識，旅客來訪間的空檔需要折被子、換床單、洗床單和毛巾、清理浴室等，並不是「必須」這麼做，這取決於你希望提供怎樣的環境。使用沙發衝浪的三年半期間，我一直有源源不斷的旅客造訪，旅客走了一個又來一個，大部分來自法國和德國，也許是因為他們比較容易得到打工度假簽證。其他也有從中國、臺灣、美國、加拿大等國家來的旅客，前前後後大約招待 35 位旅客。並不是全部旅客都是來自沙發衝浪網站，很多是來過的旅客的朋友、朋友的朋友。

　　招待旅客會遇到很多奇怪的事，例如法國人似乎有回收困難，所有東西都丟垃圾桶，難道法國不回收嗎？但我不會因此抱怨，因為優點更多！像法國人很喜歡酒和起司，所以我們的晚餐經常有這兩樣，超好吃！還可以和他們練習我的法文。認識不同的人很有趣，來這裡的旅客有漫畫家、音樂家，曾經來了兩個在進行「品酒之旅」的女孩，她們環遊世界品嘗全世界的酒，並寫進部落格。

　　總而言之，沙發衝浪很有趣，我在墨爾本住了多年，但這三年我發現更多城市不一樣的樣貌。能認識新朋友真的很棒，我也希望往後在自己的旅行中，能和這些旅客們再見面。目前我打算休息一陣子，一直接連帶旅客去推薦的餐廳和景點，我發現已經不像一開始這麼有趣了，但有一天，我還是會再次招待旅客。

Zizo

Unforgettable

和 Zizo 去聽交響樂時，趁中場休息時間一起去買酒當飲料。小時候第一次在電視機看見交響樂團表演後，就一直很憧憬，希望有天能到現場欣賞，長久以來的願望如今由異國的朋友 Zizo 幫我實現，內心的感觸更是十分深刻。

[後記]

回臺灣囉！
日期
2/26 ～ 2/27

在外飄泊三個月，終於到了回家的日子。

如果說伯斯是大自然的城市，那墨爾本就是人文與歷史的城市，許多建築都有其歷史意義，導覽上詳細介紹澳洲發展過程，讓人一窺澳洲的歷史，尤其是關於墨爾本掏金年代及戰爭時期扮演的角色。雖然在同一片土地，但城市風格截然不同，墨爾本是澳洲第二大城市，和伯斯的感覺相比，步調更加來的緊湊。墨爾本的景點大多集中在市區，市區內的電車免費，交通上比較便利。兩個地方都有許多值得一去的景點，在澳洲自助行也很容易，有機會的話一定要來一趟。

回程和去程一樣訂酷航航空，從墨爾本圖拉瑪琳機場出發，於新加坡轉機 14 小時，最後回到高雄小港機場。轉機時間雖然很久，但已經是在回家的路上，比起疲累，更多的是覺得捨不得。自由的冒險告一段落，旅行中雖偶爾會想念臺灣熟悉的事物，但每天新鮮的體驗，總能讓思鄉的心情拋到九霄雲外。

旅行是豐富自己的最棒投資。

旅行前，我的堅持與理想，就像不成熟的孩子在耍任性，永遠都只有錯誤，只要一天不符合社會要求，彷彿自身就是個不該的存在。

出發前一刻的情景仍清晰猶記，有多少人不看好自己，別說用沙發衝浪，甚至不相信我能一人旅行三個月，打定主意我中途就會放棄。而最糟糕的是，我也被輿論打擊到近乎喪失對自己的信心。推進自己的唯一動力，是腦中剩下的一道微弱、卻不肯輕易消失的聲音，那聲音一直告訴自己可以的，自己並沒有那麼差勁，能準備的都已準備，沒有失敗的道理。在內心深處，我其實也倔強得一點都不願去想像自己喪氣跑回家的樣子。

現在，我確實完成了目標，可以很有自信地站在人前大聲說「我辦到了！」。

獨自一人旅行，有很多時間可以和自己獨處，來好好審視及檢討自己。旅行中遇到的問題都要靠自己解決，每解決一件事，都能夠讓自己的自信心提升。此次最佩服自己的莫過於完成「零旅館」的目標。這次旅行能深入體驗兩個不同城市的生活樣貌，彷彿真的是澳洲當地居民般，全都要感謝沙發衝浪宿主們的慷慨與熱情，讓旅行不只是觀光，而是「真正的生活」。

用沙發衝浪旅行自然有辛苦之處，尋找宿主不容易，住處也不盡然全如理想，但卻能大幅增加與他人交流的機會。當坐在機場回想自己這三個月的旅程時，最先浮現的回憶，全都是和各個宿主相處的一點一滴。與人之間的談話、融入當地的自在感，這些全都比在觀光景點拍照還更有價值。

雖然要開始嘗試使用沙發衝浪需要一點勇氣，然而一旦使用後，保證再也不想回到單調無聊的旅館。旅程中與他人談話，傾聽不同文化的人們對夢想及社會價值觀的看法，也分享自己在追求理想時所遇到的困境。透過不斷的交流探討，漸漸發現自己其實比想像中還有更多優點，在他人的肯定下，逐漸懂得珍惜自己。

堅持追求夢想一點也不任性，而是勇敢。如今完成一個大目標，風光回國，身邊的人事物仍然沒變。即便努力分享沙發衝浪所帶來的美好緣份，別說長輩，就連同齡的友人們仍依然皺著眉頭，固執認為我是在艱苦中旅行。但又何必在乎呢？回首經歷過的事物，肯定自己，並往前踏出屬於自己的正確步伐，才是最重要的！現在已經不再像出發前，被社會價值觀壓得畏手畏腳，而是抬頭挺胸相信自己，覺得自己什麼事都辦的到，也對實現夢想更加有行動力。

澳洲 88 天旅行的收穫，有歡笑、有困難、有回憶、有成長。有夢的朋友們，背起背包旅行吧，為自己寫下一輩子的記憶！

旅行終有尾聲，期待能一步步走到更遠的地方

附錄

[沙發衝浪常見問題]

會員篇

Q01 有繳費認證是不是比較好？

Ⓐ 確實有宿主只接受有認證的會員，但那只是少數，最重要的還是個人資料的豐富度及評價。在選宿主時，也是同樣道理。即使對方有認證，若沒有評價也沒填寫個人資料，請先找其他宿主吧！

Q02 個人資料怎麼寫才算豐富？

Ⓐ 寫越多越好，就算是微不足道的小小興趣也可以寫，因位宿主也只能靠網站上的資料來了解你，寫越多、越容易遇到同樣興趣的人，宿主也越能感受誠意。

不知道怎麼寫的話，不妨參考其他會員的寫法。如果還是寫不出來，至少每項寫三行以上。照片放四張，出外遊玩、最自然的照片最好，建議不要只放美肌功能的自拍照。

詢問篇

Q01　評價很少的宿主不好嗎？

Ⓐ 不一定，有些宿主雖然評價很少，但其實是因為住過的旅客離開後都沒寫評價，但很可能實際上早就接待過二十、三十幾個以上的旅客了。

Q02　看評價時有什麼需要注意的嗎？

Ⓐ 評價是最主要判斷宿主安全性的線索，若評價很多，至少網頁上最新一頁的評價都要看。只要有任何一則負評，除非能判斷可能是寫的那位旅客本身的問題，否則請尋找其他宿主，不要拿自身安全開玩笑。單身女性旅客請多留意，請找有二到三位以上女性旅客評價住宿經驗的宿主。

Q03　該何時提出住宿請求？

Ⓐ 以我個人經驗，自己不喜歡臨時才找住處，大約欲住宿日前「一個半月」提問最剛好。太早問的話，對方不能保證家裡狀況，很可能會選擇拒絕，那就可惜了。太晚問，可能有其他旅客已經先約了。所以總考量下來，一個半月前問最合適。有些宿主會要求提前兩星期不等的時間就提詢問信，否則一概拒絕。所以最好早點開始尋找宿主，然後等合適時間詢問。

Q04 留宿幾晚比較適當？

通常是 3 至 5 天最適當。有心交流的宿主通常不喜歡旅客只待一兩晚就走，這樣容易感覺家裡被當成免費旅館。有些宿主會直接在個人檔案上就註明希望旅客的住宿天數，所以一定要仔細看。

如果想住更長時間，最好是已經有多封信往來，或是已經見到宿主後再詢問，不論對宿主或是自己都好。否則兩方互相不熟悉，一下子住那麼長時間，氣氛尷尬是很可怕的。

Q05 該怎麼寫詢問信？

第一封詢問信非常重要，絕對要努力展現最大誠意！幾個項目一定要寫到：對方的名字、自己的名字、國籍、年齡、性別、人數、欲住宿日期。簡要的介紹自己，最好在寫上自己為何想住在這位宿主家，是因為有什麼共同興趣嗎？或是想和宿主分享什麼呢？讓對方能從文字就感受到誠意，願意考慮是否讓自己住，而非立刻拒絕。另外特別注意，有些宿主喜歡在個人資訊裡面混入「通關密語」，如果寫詢問信時沒寫通關密語，一律不理會，因此宿主的個人簡介一定要仔細看。

Q06 如果被拒絕怎麼辦？

Ⓐ 沒有別的辦法，就是不要灰心，再接再厲！有時會突然一直連續被拒絕，不免讓人有點喪氣，但這是很正常的狀況，對方願意打開家門讓陌生人住進，才是很幸運該感激的事。被拒後，可以臉皮厚一點，問對方有沒有別段空閒時間，也可以問問拒絕原因，看看問題是不是出在自己身上，趕緊改正。

Q07 旅行計畫改變怎麼辦？

Ⓐ 不論是住宿日欲更動，或是旅行計畫更改無法前往，都要在第一時間聯繫宿主。不管是用寫信、傳簡訊或是打電話，都要盡早讓對方知道，否則人家一番好意被放鴿子，是非常糟糕的舉動。早點通知對方，也好讓宿主可以接待其他旅客。

Q08 討論住宿細節時的注意事項

Ⓐ 如果有任何個人問題，在住進去前就要先告知宿主，避免雙方不愉快。任何細節討論也建議都在沙發衝浪網站上討論，且一定要和對方在網站上確認「接受住宿」再住進去。否則日後若有任何糾紛，或遇到不良宿主要檢舉時，網站沒證據也難以受理。

Q09 「Last-minute」是什麼？

Ⓐ 沙發衝浪網站有許多不同社團，很多城市都有 Last-minute 社群，提供給住宿前 24-48 小時仍找不到住處的旅客發文詢問，住宿天數則是以 1-2 天短期為主。宿主的檔案中也會寫是否接受 Last-minute 的請求。使用 Last-minute 很需要看緣分，是否有人願意提供環境？住處又安全與否？人在時間有限時，常常會出現「沒魚蝦也好」的心態，導致判斷不周全。所以我會建議還是要提早做好住宿安排，沒地方住就去備案的旅館，不要貪圖免費住處。

Q10 一定要寫確切住宿日期嗎？

Ⓐ 當然要，這是寫詢問信時最基本也是最重要的資訊。但也可以換個方式問，先給對方自己有空的日期，問對方這段時間內有沒有有時間方便打擾。這麼做的好處是可以讓對方多思考一會兒，若有困難也會想想有沒有折衷方法。若直接給明確日期，宿主大多會直接根據詢問信上提出的日期來決定，被拒絕過一次後，想二次詢問會比較困難一點。

住宿篇

Q01　如何避免失禮成為拒絕往來戶？

Ⓐ 很簡單，去朋友家不會做的事，就不要做。例如過度使用家中資源、浪費水電、吃光冰箱中的食物、早出晚歸，整天不見人影、把家裡弄得髒亂、一直用對方不懂的語言說話等。只要想像一下，有人來你家做了這些事情，是不是也會讓你一肚子火呢？不過也不用太緊張，自己的東西自己收好、使用任何物品前先徵求宿主同意、出門前報告一下今天預計去哪，何時回家，觀光中也可以隨時和宿主保持聯繫，讓宿主有參與感，不要讓人覺得只是為了求一個免費旅館。

Q02　需要準備什麼回饋嗎？

Ⓐ 其實宿主都抱著交朋友的心態，並不是需要旅客替他們做什麼，或是準備什麼高級好禮，「分享自己國家文化」就是最棒的禮物了。用什麼方式分享都可以，最容易的就是煮一餐家鄉菜，分享給宿主，出去旅遊前，簡單學一桌家常菜，就可以分享給每個住處的宿主了。如果真的不會煮菜，準備小禮物也可以，但禮物最好要有「個別性」或「獨特性」，而非單單只是選個有東方味的東西。例如若想送筷子，可以請個性化商品店在上面刻宿主的名字。

在這邊分享我選擇的禮物——「永保安康」紀念火車票吊飾。這趟三個月的旅程，會住很多不同宿主家，我又輕裝旅行，無法帶太多禮物。這張火車票不但重量輕、體積小，更重要的是非常有意義，不但是臺灣獨特的紀念品，上面的文字樂趣更可以成為和宿主分享中文的一大樂趣。

Q03 可以和宿主交流些什麼？

🅐 前面提到，不可以整天都不見人影。
沙發衝浪重在交流，一定要分配時間
跟宿主聊聊天，不論是聊家鄉文化，
或是聊聊旅行故事、隔天的行程都
好。如果自己沒什麼事好說，也可以
多問宿主問題，例如使用沙發衝浪的
經驗，推薦的當地祕密景點等等。有
些宿主會很熱心帶你去推薦景點，或
是邀請一起參與活動，這些機會都要
好好把握。

Q04 離開後，還需要做什麼？

🅐 離開宿主家後，如果覺得這段住宿期
間過得很充實、放鬆，記得要去沙發
衝浪網站上給評價喔。我們雖然不能
期待宿主也寫評價給我們，但至少我
們可以給人好評價。評價上可以寫印
象深刻的事、和宿主相處情況、或住
宿環境狀況，讓宿主有好評，也讓之
後的旅客有參考可循。但如果真的不
幸遇到很差勁的宿主，誇張到超越可
忍受範圍，也不要害怕，勇敢的寫負
評，不要再讓其他旅客受害了。

沙發衝浪安全注意事項

　　沙發衝浪雖然很有趣，但終究和付錢、保證有地方住的旅館不同，其中自身安全要特別注意。下列事項請隨時提醒自己要注意：

01

一定要有備案，出發前多找幾間旅遊地區的旅館電話和地址。不論是被放鴿子或是被趕出去，若住宿期間發現不對勁，請立刻離開。

02

前往住宿地點前一天，要再跟新宿主確認一次，並告知大約到達時間。另外也可告知前宿主新住處位置，到達時若沒問題就報個平安，發現有問題，趕緊求救幫忙。

03

臉皮厚一點，如果住處有問題就離開，不要怕對宿主不好意思，把自己身置危險中。

04

認識不錯的宿主電話都可以留著，俗話說的好，出門靠朋友，除了緊急電話外，當地認識的朋友能較快幫忙協助解決住宿問題。

國家圖書館出版品預行編目資料

「零旅館」玩澳洲：我的沙發衝浪旅行日記 / 陳萬筑作.
-- 初版. -- 臺北市：華成圖書，2019.01
面； 公分. --（自主行系列；B6210）
ISBN 978-986-192-339-0（平裝）

1. 自助旅行 2. 澳大利亞

771.9   107020386

自主行系列　B6210

零旅館玩澳洲 我的沙發衝浪旅行日記

作　　者／陳萬筑

出版發行／華杏出版機構
　　　　　華成圖書出版股份有限公司
　　　　　www.far-reaching.com.tw
　　　　　11493台北市內湖區洲子街72號5樓（愛丁堡科技中心）
　　　　　戶　　　名　　華成圖書出版股份有限公司
　　　　　郵 政 劃 撥　　19590886
　　　　　e - m a i l　　huacheng@email.farseeing.com.tw
　　　　　電　　　話　　02-27975050
　　　　　傳　　　真　　02-87972007
　　　　　華 杏 網 址　　www.farseeing.com.tw
　　　　　e - m a i l　　adm@email.farseeing.com.tw
　　　　　華成創辦人　　郭麗群
　　　　　發 行 人　　蕭聿雯
　　　　　總 經 理　　蕭紹宏

　　　　　主　　　編　　王國華
　　　　　責 任 編 輯　　楊心怡
　　　　　美 術 設 計　　陳秋霞
　　　　　印 務 主 任　　何麗英
　　　　　法 律 顧 問　　蕭雄淋

定　　價／以封底定價為準
出版印刷／2019年1月初版1刷

總 經 銷／知己圖書股份有限公司
　　　　　台中市工業區30路1號　　電話　04-23595819　　傳真　04-23597123

讀者線上回函
您的寶貴意見
華成好書養分